Daniel Siemens

DER HIMMEL

ist anders

ALS WIR DENKEN

www.sola-script.com

2.Auflage
Siemens, Daniel
Der Himmel ist andres als wir denken
© 2017 sola scriptura publishing
ISBN 978-3-00-055482-7
Verwendete Bibelübersetzungen:
- wenn nicht anders angegeben, Luther 1984
- ELB – Elberfelder Bibel
- NGÜ – Neue Genfer Übersetzung

Umschlagbild:
„Supreme Sanctuary", painted by: Akiane Kramarik, for information: Akiane.com

Das Umschlagbild

Das Bild ist ein Kunstwerk von Akiane Kramarik, einer jungen amerikanischen Malerin. Akiane wuchs in einer nicht religiösen Familie auf. Von klein auf, bereits mit 3-4 Jahren, sah sie Träume und Visionen vom Himmel. Als kleines Kind konnte sie ihren Eltern nicht erklären was sie sah. Und so fing sie an zu zeichnen und zu malen. Ohne jemals Malunterricht genommen zu haben, entwickelte sie ihre malerischen Fähigkeiten und schuf bereits im jungen Alter erstaunliche Bilder. Eines ihrer berühmtesten Werke malte sie mit acht Jahren. Es ist das Bild „Prince of Peace", das Jesus darstellt.

Durch die Bilder und die Erlebnisse ihrer Tochter, sind die Eltern von Akiane Christen geworden. Sie unterstützen und fördern sie in ihrer künstlerischen Arbeit.

Das auf dem Umschlag abgebildete Gemälde heißt „Supreme Sanctuary" und ist der Versuch, eine der Visionen vom Himmel auf der Leinwand festzuhalten. Dieses Bild schuf Akiane mit elf Jahren. Sie versuchte auf der Leinwand das abzubilden, was sie tatsächlich im Himmel gesehen hatte. Das größte Problem, so erzählt sie, waren für sie die Farben. Sie hatte in ihrem Malkasten solche Farben nicht, die sie in der himmlischen Vision gesehen hatte. Sie musste also „Ersatzfarben" benutzen. Akiane ist sich sicher, dass man das Licht und die Farben des Himmels auf der Erde nicht hat und sie deshalb nicht realitätsgetreu widergeben kann.

Inhaltsverzeichnis

Prolog: Der Himmel – Nur das Letzte zählt!   6

1. Warum wir uns nicht auf den Himmel freuen   7
2. Der Himmel wird irdisch   11
3. Der Himmel, ein konkreter Ort auf Gottes Karte   28
4. Erkennen wir uns im Himmel wieder?   35
5. Die neue Erde wird himmlisch   42
6. Die Hauptstadt der neuen Welt Gottes   50
7. Der Leib im Himmel   67
8. Die Bevölkerung des Himmels   85
9. Wer tut was im Himmel?   95
10. Ehe und Familie im Himmel   110
11. Die Namen im Himmel   119
12. Essen und Trinken im Himmel   125
13. Flora und Fauna im Himmel   132
14. Der Lohn im Himmel   138
15. Wo ist, wer nicht im Himmel sein wird?   151
16. Der Weg zum Himmel   162

Der Himmel – Nur das Letzte zählt!

Die zwei ersten und die zwei letzten Kapitel der Bibel bilden den Rahmen der Heiligen Schrift. Die ersten beiden Kapitel berichten von dem Leben des Menschen im Paradies mit Gott, in voller Harmonie und in ungetrübtem Glück. Die letzten beiden Kapitel erzählen von der neuen Welt Gottes, in der der Mensch wieder in unmittelbarer Gemeinschaft mit Gott lebt, und zwar in einer neuen, paradiesischen Welt. Das Böse gehört der Vergangenheit an. Die Sünde und ihre Folgen sind besiegt und überwunden.

Eingefasst zwischen den beiden ersten und den beiden letzten Kapiteln der Bibel ist die Heilsgeschichte, die dramatische Geschichte der Rettung der Menschheit durch einen Gott, der die Liebe ist. In der Mitte des Bildes ist das Kreuz. Ohne das Kreuz und ohne den Rahmen des ersten Paradieses und der neuen Welt Gottes, macht unsre diesseitige irdische Geschichte keinen Sinn. Ohne den Ausblick in den Himmel, die wundervolle, leidfreie Welt Gottes, bliebe uns unser ewiges Schicksal verschleiert und verborgen. Ohne Himmel hat diese Erde keinen Sinn. Aber auch unser persönliches Leben hat keinen bleibenden Sinn und keine wahre Bedeutung ohne den Himmel. Der Himmel ist die Antwort auf alle unbeantworteten Fragen und die Lösung aller ungelösten Rätsel. Und doch, der Himmel ist und bleibt eine riesige Überraschung, auf die wir uns jeden Tag unseres diesseitigen Lebens freuen dürfen.

1

Warum wir uns in der Regel nicht auf den Himmel freuen

Christen haben die Freude auf den Himmel größtenteils verloren. Das ist eine traurige Tatsache. Dabei ist der Himmel, der Ort, für den wir geschaffen wurden. Als unser Schöpfer Adam und Eva erschuf, hatte er für sie und ihre Nachkommen den Himmel als Wohnort im Blick. Der Himmel ist unser wahres Zuhause, unsere ewige Heimat. Der Himmel ist der Ort, den wir nie wieder verlassen werden, wenn wir eines Tages dort eingetroffen sind.

Doch warum freuen wir uns so wenig auf den Himmel? Wir reden wenig vom Himmel. Wir hören von unseren Kanzeln kaum Predigten über den Himmel. Und unsere nichtchristlichen Zeitgenossen wissen oft mehr über die islamische Paradiesvorstellung und über das Nirwana der Buddhisten, als über den Himmel der Christen. Einer der Hauptgründe für diese Unkenntnis und den Mangel an Begeisterung für den Himmel unter Christen liegt in der griechischen Philosophie. Das mag verwundern und überraschen. Doch der Einfluss der griechischen Philosophie auf unsere Vorstellung vom Himmel ist größer als wir vermuten. So überraschend es für manchen Leser klingen mag, wir alle sind vom Denken der griechischen Philosophen geprägt.

Es war vor allem Plato, der berühmteste Philosoph aller Zeiten, der das stoffliche und körperliche für unwichtig und minderwertig erklärte. Was Vorrang und Wert hatte, laut Plato, das war der Geist. Der Leib war eher eine Behinderung, ein Gefängnis für den Geist. Und Gott oder die Götter, die das Glück besaßen, waren reine Geister, die keine Berührung mit dem Materiellen hatten. Um glücklich und befreit zu sein, müsse der Mensch sich entsprechend auch vom Materiellen abwenden und das Körperliche verachten. Christliche Denker und Theologen haben dieses griechische Gedankengut aufgegriffen und in die Bibeldeutung hinein übertragen. Frühe Kirchenväter, wie Clement von Alexandria und Origenes, haben den Platonismus aufgesaugt. Sie fingen an zu lehren, dass die Bibel allegorisch, also Bildlich zu verstehen sei. Vieles müsse im übertragenen Sinne verstanden und geistlich gedeutet werden.

Origenes entwickelte ein komplettes System der Allegorisierung der Heiligen Schrift. Er sah die Bibel wie einen dreiteiligen Organismus, der aus Körper, Seele und Geist bestand. Der Körper - das war der wörtliche oder historische Sinn der Bibel. Die Seele - das war ihre psychische oder moralische Bedeutung. Und der Geist - das bei weitem ihre wichtigste, philosophische Bedeutung. Deshalb vertrat man auch sehr bald die Meinung, dass gebildete Menschen am ehesten geeignet waren die „verborgene" Bedeutung der Bibel zu entdecken. Das bedeute, dass die schlichten Menschen und die „normalen" Gottesdienstbesucher, die Bibel nicht ohne die Hilfe von geschulten, gebildeten Theologen verstehen könnten. Nur diese erleuchteten, gebildeten Männer waren in der Lage die „wahre, geistliche" Bedeutung der Bibel zu entdecken und zu lehren. Diese unterschied sich in der Regel gravierend von der augenscheinlichen, logischen und „weniger geistlichen" Bedeutung des biblischen Textes.

Das ist der Hauptgrund, warum wir heute immer noch große Mühe haben mit dem biblischen Bild vom Himmel. Wir sind es gewohnt den Himmel „platonisch" zu sehen. Wir vergeistlichen und vergeistigen den Himmel. So ist der Himmel für viele Christen ein großer geistlicher Nebel, in dem verklärte körperlose Geistwesen auf himmlischen Wolken herum schweben. Diese trostlosen Himmelsvorstellungen spiegeln sich in vielen Werken der Poesie und der Literatur wieder. In einem Gedicht von Ricarda Huch heißt es:

Tief in den Himmel verklingt
Traurig der letzte Stern,
noch eine Nachtigall singt
fern, fern.
Geh schlafen, mein Herz, es ist Zeit.
Kühl weht die Ewigkeit.

Dieser Himmel ist eher bedrohlich als einladend. Unterstützt werden solche und ähnliche Vorstellungen auch von modernen Theologen, die die platonische Version des Himmels für die einzig wahre halten und sich weigern den biblischen Himmelsschilderungen Rechnung zu tragen. So antwortet beispielsweise der katholische Theologe Rainer Kampling auf die Frage, „Was wissen wir über den Himmel?" im Deutschlandradio: *"Es muss doch mal eine Zeit geben, wo wir nichts mehr machen. Und wo nichts mehr mit uns gemacht wird. Das denke ich ist dann der Himmel... Himmel ist, wenn Sie so wollen, zunächst einmal ein biblisches Wort für Transzendenz."*

In derselben Sendung äußert sich eine Mutter, die ihr Kind verloren hat, über ihre Vorstellung vom Himmel. Sie denkt gerne über den Ort nach, an dem ihr Sohn jetzt sein könnte. „*Ich glaube, man ist ganz schwerelos und schwebt da in einem weißen Meer an Wolken umher... ich glaube nicht, dass man was isst oder trinkt, ich glaube, man ist da völlig schwerelos und in einer anderen Welt.*"

Solch ein Himmel ist langweilig, gespenstisch und überhaupt nicht attraktiv. Die griechisch-platonische Lehre hat eine verheerende Wirkung auf die Christenheit gehabt und hat sie bis heute. Wir haben es verlernt uns auf den Himmel zu freuen. Viele Christen verspüren keine Freude, wenn sie an den Himmel denken. Sie haben vielmehr Angst, wenn sie an ihren Umzug in die jenseitige Welt denken. Doch nichts kann von der biblischen Wahrheit weiter entfernt sein als die platonisch-griechische Version vom Himmel. Denn...

2

Der Himmel wird irdisch!

Das ist vermutlich eine der größten Überraschungen der Bibel für uns, wenn es um den Himmel geht. Der Himmel findet tatsächlich auf einer Erde statt! Das wirkt ernüchternd und beruhigend zugleich. Der Himmel ist also gar nicht dieser große ewige Nebel, in dem geisterhafte Wesen auf himmlischen Wolken schweben und in alle Ewigkeit auf goldenen Harfen spielen. Nein! Der Himmel ist eine konkrete, fassbare, reale Welt, denn er findet auf einer Erde statt. Dass der Himmel irdisch wird, bestätigt die Bibel sowohl im Alten wie auch im Neuen Testament. Schon durch den alten Propheten Jesaja sagt Gott:

> *Denn siehe, ich will einen neuen Himmel und eine neue Erde schaffen, dass man der vorigen nicht mehr gedenken und sie nicht mehr zu Herzen nehmen wird.*
> Jesaja 65,17

Beim Lesen dieser Worte werden schlagartig mehrere Dinge hinsichtlich der jenseitigen Welt geklärt. Als erstes wird offensichtlich, dass das Jenseits eine reale Welt ist. Sie ist keine absolut neue und völlig fremde Realität. Sie besteht aus Himmel und Erde. So kennen wir auch unsere alte Welt. Auch sie besteht aus Himmel und Erde. Der Himmel, der hier erwähnt wird, das ist zum einen der atmosphärische Lufthimmel. Es ist der Himmel, der uns an klaren, sonnigen Tagen durch seine tiefblaue Schönheit fasziniert, uns durch seine Wolken mit Regen oder Schnee versorgt und uns die Luft zum Atmen gibt. Zum anderen ist da noch der kosmische Sternenhimmel. Dieser Himmel fasziniert uns in der Regel in klaren Nächten mit seinen Milliarden von Sternen und mit dem sich ständig verändernden Mond. Die Information, die Gott dem Propheten Jesaja mitgeteilt hat, macht deutlich, dass auch die zukünftige Welt aus Himmel und Erde besteht. Allerdings sind es ein neuer Himmel und eine neue Erde. Diese Tatsache macht wiederum klar, dass unsere alte Erde und der alte Himmel vorläufig sind. Sie haben ein begrenztes Haltbarkeitsdatum und wenn dieses Datum abgelaufen ist, werden sie gegen eine neue Erde und gegen einen neuen Himmel ausgetauscht.

Die zweite Hälfte des zitierten Jesaja-Textes spricht über die Qualität der neuen Schöpfung Gottes. Sie wird der alten bei weitem überlegen sein. Die neue Welt Gottes wird so viel besser sein als die alte, dass *„man der vorigen nicht mehr gedenken und sie nicht mehr zu Herzen nehmen wird."* Und diese qualitativ überragende neue Welt Gottes enthält, wie auch die, die wir bereits kennen, neben einem Himmel auch eine Erde. Die Erde ist also fester Bestandteil der jenseitigen Welt, die wir Himmel nennen. Der Himmel wird demzufolge irdisch. Ganz am Ende des Jesaja Buches kommt Gott noch einmal auf die neue Welt zu sprechen und gibt uns eine zusätzliche grundlegende Information über die neue Schöpfung weiter:

> *Denn wie der neue Himmel und die neue Erde, die ich mache, vor mir Bestand haben, spricht der HERR, so soll auch euer Geschlecht und Name Bestand haben.*
> Jesaja 66,22

Die neue Welt Gottes wird permanent und unzerstörbar sein. Sie ist endgültig und wird im Gegensatz zu der alten Welt *„vor Gott Bestand haben"*. Dass unsere alte Erde vor Gott keinen bleibenden Bestand hat, wird den Menschen bei jedem Erdbeben, bei jeder Überschwemmung und bei jeder anderen Naturkatastrophe auf beängstigende Weise bewusst. Die Vergänglichkeit der alten Welt macht uns Angst. Diese Angst hat auf einer neuen unzerstörbaren Erde keinen Platz mehr. Der Autor des Hebräerbriefes erwähnt die Unzerstörbarkeit der neuen Welt als Grund der Dankbarkeit:

> *Darum wollen wir dankbar sein, weil wir ein unerschütterliches Reich empfangen, und wollen Gott so dienen, wie es ihm gefällt, in ehrfürchtiger Scheu.*
> Hebräer 12,28

Der irdische Charakter des Himmels wird im Neuen Testament ausdrücklich und wiederholt bestätigt. Petrus versichert seinen Lesern, dass ein neuer Himmel und eine neue Erde zum Inhalt der Zukunftsverheißungen Gottes gehören.

> *Doch wir warten auf den neuen Himmel und die neue Erde, die Gott versprochen hat – die neue Welt, in der Gerechtigkeit regiert.*
> 2. Petrus 3,13; NGÜ

Eine neue Erde unter einem neuen Himmel - das ist die biblische Zukunftserwartung einer an Jesus Christus gläubigen Menschheit. Doch erstaunlicherweise gehört die Erwartung einer neuen Erde nicht zu den Himmelserwartungen der meisten Christen. Im Gegensatz zu Petrus und seinen Mitchristen im ersten christlichen Jahrhundert, scheint die neue Erde nicht mehr zum Himmelsprogramm der modernen Christenheit zu gehören. Da ist uns offensichtlich ein ganz wesentlicher Teil der biblischen Himmelstheologie abhandengekommen. Es scheint, als würden wir diese und andere Aussagen der Bibel über den Himmel bewusst ignorieren. Ist es da verwunderlich, dass uns mit der Himmelslehre auch ein Großteil der Himmelsfreude verlorengegangen ist? Um die urchristliche Freude über den Himmel zurückzugewinnen, müssen wir die biblische Lehre über Gottes ewige Welt wiederentdecken und ernst nehmen.

Aus dieser Lehre ist eine neue Erde nicht wegzudenken und auch nicht weg zu theologisieren. Im Gegenteil, ohne eine Erde ist der biblische Himmel nicht denkbar. Zur menschlichen Welt gehören Himmel und Erde, wenn diese komplett und sinnvoll für den Menschen sein soll. Wenn also das Jenseits eine neue Welt Gottes für den Menschen ist, dann sollte sie neben einem neuen Himmel auch eine neue Erde beinhalten. Und genau hier trifft laut Petrus die sehnsüchtige Erwartung der Gläubigen auf die Verheißung eines treuen Gottes, der die Bedürfnisse der Menschen genau kennt, denn er ist ihr Schöpfer.

Ein weiteres wichtiges Merkmal dieser neuen Erde ist die Gerechtigkeit, die auf ihr herrscht. Denn jede, noch so paradiesische Erde, würde sich ohne die Herrschaft der absoluten Gerechtigkeit Gottes über kurz oder lang in eine Hölle verwandeln. An Erfahrungen dieser Art mangelt es leider auf unserem alten Planeten nicht. Auf der neuen Erde wird es also absolut gerecht zugehen und eine Abweichung von dieser Gerechtigkeit, auch nur um ein hundertstel Millimeter, wird dort in alle Ewigkeit absolut unmöglich sein. Gerechtigkeit ist eine himmlische Grundvoraussetzung für die neue Erde.

Im letzten Buch der Bibel, in der Offenbarung des Johannes, haben wir die konkreteste, ausführlichste und aufschlussreichste Beschreibung des Himmels. Und auch diese Himmelsbeschreibung kommt nicht ohne eine Neue

Erde aus. Johannes beginnt im vorletzten Kapitel der Apokalypse mit der Beschreibung des Himmels und nennt seinen Lesern gleich in den ersten beiden Sätzen die wichtigsten Fakten, die ihm bei der Himmelsschau als erstes ins Auge fielen:

> *Danach sah ich einen neuen Himmel und eine neue Erde. Der frühere Himmel und die frühere Erde waren vergangen; auch das Meer gab es nicht mehr.*
> Offenbarung 21,1; NGÜ

Anstelle des alten Himmels und der alten Erde sieht Johannes in der prophetischen Jenseitsschau keinen Geisternebel. Er sieht auch keinen blauen Dunst mit Geistern auf „Wolke Sieben" (bzw. „cloud 9" für die Engländer) mit goldenen Harfen und kindischen Gesichtern. Er sieht eine neue Welt mit Himmel und Erde, so wie es sich für eine reale Welt gehört. Der erste große Unterschied, der Johannes bei dem Anblick dieser neuen Welt auffällt, ist die Tatsache, dass es auf der neuen Erde das Weltenmeer nicht mehr gibt. Die Ozeane fehlen offensichtlich in der Geographie der himmlischen Erde. Warum das so ist, wird uns nicht mitgeteilt. Wir können nur vermuten. Es ist durchaus anzunehmen, dass die Ozeane in ihrem heutigen Ausmaß eine Folge der Sintflut sind. Also ein Zeugnis des göttlichen Gerichts, das nicht mehr in die Geographie einer paradiesischen Erde hineingehört. Außerdem beanspruchen die Ozeane zwei Drittel der Erdoberfläche. Das ist enormer, unbewohnbarer Lebensraum. Natürlich wird das Fehlen der Weltenmeere nicht auf Kosten von Ästhetik oder Lebensqualität geschehen. Sicherlich wird es auf dem neuen Erdglobus große und schöne Seen bzw. eventuell kleinere Meere geben, viele Flüsse und Bäche – denn Wasser ist für die Erde lebensnotwendig. Das Fehlen der Ozeane allerdings, wird enormen Zugewinn von Lebensraum bedeuten. Denn ein Mangel an Lebensraum ist auf einer paradiesischen, ewigen Erde nicht denkbar.

Halten wir also fest: Der Himmel wird irdisch. Es ist zwar eine *neue*, aber es ist eine echte, reale Erde, die uns im Himmel erwartet. Diese Neue Erde macht den Himmel für den Menschen erst richtig konkret und (be)greifbar. Und attraktiv. Denn es ist dieser irdische Himmel, für den wir geschaffen sind. Es ist deshalb auch nur ein Himmel auf Erden, der unsere Sehnsucht stillen und unsere menschlichen Bedürfnisse befriedigen kann. Wünschen wir uns nicht alle den Himmel auf Erden? Hat nicht Gott diese Sehnsucht in unser Herz hineingelegt? Und sagt Gott uns nicht in seinem Wort, dass er uns den Himmel auf Erden einrichten wird? Wenn wir die Bibel aufmerksam und unvoreingenommen lesen, werden wir feststellen, dass der Himmel keine Geisterwelt ist die im blauen Wolkendunst stattfindet. Gott sei Dank findet der Himmel auf Erden statt!

Gibt es im Himmel Raum und Zeit?

Es gibt eine weitverbreitete Annahme, dass es im Himmel keine Zeit und keinen Raum mehr geben wird. Diese Annahme beruht vermutlich in erster Linie auf der Mutmaßung, dass Ewigkeit zwangsläufig Zeitlosigkeit bedeutet. Man stellt sich den Himmel als eine Art ewigen Moment vor, in dem es keine Vergangenheit und keine Zukunft gibt, sondern nur ein ewiges Jetzt. Und obwohl sich niemand Zeitlosigkeit weder erklären noch vorstellen kann, hält sich diese Hypothese sehr hartnäckig. Sehr gerne wird in diesem Zusammenhang auch ein Vers aus der Offenbarung des Johannes zitiert, der angeblich das Ende der Zeit voraussagt.

Und (der Engel) schwor bei dem, der da lebt von Ewigkeit zu Ewigkeit, der den Himmel geschaffen hat und was darin ist, und die Erde und was darin ist, und das Meer und was darin ist: Es soll hinfort keine Zeit mehr sein...
Offenbarung 10,6

Doch bei dieser Interpretation der genannten Bibelstelle handelt es um ein Missverständnis. Hier muss, wie bei jedem anderen Bibelstudium auch, der Kontext beachtet werden. Die Worte des Engels beziehen sich keineswegs auf die Ewigkeit und das Auslaufen der Zeit bei deren Beginn. Der Engel kündigt lediglich an, dass es keinen Zeitaufschub für die Vollendung des göttlichen Plans mehr geben wird. Einige Übersetzungen übersetzen entsprechend sinngemäß mit „keinen Zeitaufschub" bzw. „keine Fristverlängerung". Der Zusammenhang des Verses macht diesen Sachverhalt deutlich:

Und (der Engel) rief: »Ich schwöre bei dem, der in alle Ewigkeit lebt und der alles erschaffen hat – den Himmel und alles, was im Himmel ist, die Erde und alles, was auf der Erde ist, das Meer und alles, was im Meer ist; ich schwöre, dass es keinen Aufschub mehr geben wird! 7 Denn wenn der siebte Engel auftreten und seine Posaune blasen wird, wird Gottes Plan, dieses große Geheimnis, zur Vollendung kommen. Alles, was Gott seinen Dienern, den Propheten, angekündigt hat, wird dann erfüllt sein. «
Offenbarung 10,6-7; NGÜ

Das vom Engel angekündigte Geheimnis, das nun erfüllt werden wird, ist die Verwerfung Satans als Fürst dieser Welt und der Herrschaftsantritt von Jesus Christus als

Herrscher über die alte Erde im Millennium (siehe Offenbarung 11,15; 12,7-12). Es gibt keine Lehre in der Schrift, die das Fehlen der Zeit in der Ewigkeit zwingend erforderlich machen würde. Im Gegenteil. Es gibt demgegenüber Hinweise in der Bibel, die auf ein Fortdauern der Zeit auch in der Ewigkeit schließen lassen. In der Beschreibung der himmlischen Stadt werden Johannes in seiner Himmelsschau Details mitgeteilt, die der Theorie der Zeitlosigkeit widersprechen:

> *Der Engel zeigte mir auch einen Strom, der wie Kristall glänzte; es war der Strom mit dem Wasser des Lebens. Er entspringt bei dem Thron Gottes und des Lammes und fließt die breite Straße entlang, die mitten durch die Stadt führt. An beiden Ufern des Stroms wächst der Baum des Lebens.*
>
> *Zwölfmal im Jahr trägt er Früchte, sodass er jeden Monat abgeerntet werden kann, ...* Offb. 22,1-2; NGÜ

Wenn es im Himmel Monate gibt, die das Jahr in zwölf Abschnitte einteilen, dann gibt es dort offensichtlich auch Zeit. Dann ist die Ewigkeit offensichtlich doch nicht zeitlos. Und Bäume die Früchte tragen und zwölfmal im Jahr abgeerntet werden, kann man sich auch schlecht in einer Raum- und Zeitlosigkeit vorstellen. Offensichtlich ist auch hier unser Denken zu stark von der griechischen Philosophie geprägt. Wir denken über den Himmel eben nicht im Sinne einer realen Welt nach. Wir betrachten unser jenseitiges Zuhause doch viel eher als eine geisterhafte Pseudowirklichkeit. Ist es da verwunderlich, dass beim Nachdenken über den Himmel auch bei Christen nur wenig Freude aufkommt? Wir sollten aufhören uns den Himmel als ein ewiges, „transzendentes jetzt" vorzustellen, in dem die Zeit quasi eingefroren ist und das Leben sich als ewige Schau der Glückseligkeit vollzieht. Es ist richtiger, sich die Ewigkeit als immerwährende Zeit vorzustellen, die nie ausläuft.

Zeit und Raum sind Gottes Erfindungen. Sie gehören zum Wesen einer realen menschlichen Welt, ja, sie machen diese geradezu aus. Und weil der Himmel eine reale, konkrete Welt ist, gehören auch Raum und Zeit zu ihren Grundsubstanzen. Eine Erde, auch eine neue Erde, ist ohne Zeit und Raum nicht denkbar. Auch reale, konkrete, unsterbliche Auferstehungsleiber sind nur innerhalb von einer Raum-Zeit-Welt vorstellbar. Gott erfand den Raum und die Zeit, und genauso wie dem Rest seiner Schöpfung, gab er ihnen die Note „sehr gut". Raum und Zeit sind nicht die Folgen des Sündenfalls und des Fluches, wie Krankheit und Tod, die über unsere gefallene Welt kamen, als unsere Voreltern sich gegen Gott und seine Gebote auflehnten. Warum sollten sie also auf einer neuen Erde in Gottes neuer Welt fehlen?!

Ob Zeit und Raum im Himmel neue Qualitäten bzw. Merkmale beinhalten werden, wissen wir nicht. Es gibt viele Theorien und Mutmaßungen, dass etwa der Raum im Himmel um weitere Dimensionen erweitert sein wird. Und dass die Zeit ebenso an Ewigkeitsqualitäten dazugewinnt. Natürlich dürfen wir solche Überraschungen nicht ausschließen. Doch ist es auch zu vermuten, dass die Menschen im Himmel Zeit und Raum anders empfinden und wahrnehmen werden als in dieser Welt. Zeit und Raum werden vermutlich für vollendete Menschen keine Eingrenzung oder Herausforderung mehr darstellen. Große Distanzen zu überwinden und Entfernungen zurückzulegen wird voraussichtlich weder Zeit noch Kraft beanspruchen. Der Mensch wird vermutlich über den Raum verfügen und die Bewegung im Raum wird ohne technische

Hilfsmittel mit Leichtigkeit gelingen und nur Freude verursachen. Möglicherweise so, wie Jesus sich nach seiner Auferstehung im unsterblichen Leib, im Raum offensichtlich ohne jede Einschränkung bewegen konnte.

Auch die negativen Begleiterscheinungen der Zeit, die wir in dieser Welt schmerzlich wahrnehmen, werden für immer verschwinden. Hektik und Stress, das Gefühl, dass einem die Zeit davonläuft, das Zuspätkommen, das Nachtrauern der „guten alten Zeit", die Ungewissheit über die Zukunft, Langeweile – all diese negativen Effekte der Zeit werden die Menschen nicht mehr plagen. Die Ewigkeit zeichnet sich dadurch aus, dass ihr die Zeit niemals ausgeht. Doch es ist nicht nur der quantitative Aspekt der Zeit, der die Ewigkeit erstrebenswert macht. Es ist vielmehr der qualitative Aspekt, der die ewige Zeit zur himmlischen Zeit machen wird. Im Himmel wird es nur gute Zeiten geben. Immer genug und für alles ausreichend Zeit. Niemals Hektik oder Termindruck. Und immer die frohe Gewissheit, dass es nur noch besser werden kann und immer besser werden wird. Niemals schlechter. Niemals langweilig. Die Zeit wird immer nur den Bedürfnissen der ewigen Menschen dienen und sie niemals knechten.

Natürlich wird das Zeiterleben völlig anders sein. Wenn man niemals altern und fortwährend im Zustand der ewigen Jugend leben wird, wird man die Zeit vermutlich kaum beachten. Zumal uns von Johannes versichert wird, dass es in Gottes Neuer Welt keine Nacht mehr geben wird. Nacht und Finsternis passen nicht in eine himmlische Welt. Die himmlische Zeit spielt sich also während eines immerwährenden, maifrischen, lichtdurchfluteten ewigen Tages ab. Vielleicht wird man lediglich an der Ernte der Früchte an den Bäumen merken, dass wieder ein himmlischer Monat vergangen ist. Doch keiner wird dem „wunderschönen

Monat Mai" nachtrauern, weil jeder wissen wird, dass noch unzählige Milliarden noch schönerer Monate folgen werden. Und dass diese herrlichen Ernten niemals ausgehen werden.

Weitere Argumente für einen irdischen Himmel

Wenn erst einmal feststeht, dass der Himmel auf einer Erde stattfindet, dann hat diese Feststellung weitreichende Konsequenzen für unser gesamtes Himmelskonzept. Denkmuster an die wir uns gewöhnt haben, müssen revidiert und möglicherweise verworfen werden. Manch eine Himmelsvorstellung muss dann für immer aus unserem Denken gelöscht werden. Und auf der anderen Seite müssen wir bereit sein völlig neue Erkenntnisse über den Himmel zu akzeptieren. Überraschende und völlig ungewöhnliche, aber biblische Himmelseinsichten, lassen unsere ewige Heimat für uns zu einer gänzlich neuen Realität werden.

Die Erde ist der natürliche Lebensraum für den Menschen. Gott hat den Menschen für ein Leben auf der Erde geschaffen und das war kein Fehler! Die Erde an sich ist kein minderwertiger oder sündiger Ort, nur weil sie „irdisch" ist. Sogar diese alte Erde hatte das Potential zum Paradies und sie war es auch, wenn auch nur lokal begrenzt und nur für eine kurze Zeit. Was diese Erde verunreinigt hat, ist die Sünde der Menschen. Doch nachdem das Sündenproblem durch Jesus Christus gelöst ist und der gerettete Mensch vollendet und für die Sünde unantastbar geworden sein wird, wird sein paradiesischer Lebensraum wieder hergestellt werden bzw. neu erschaffen werden. Sein Lebensraum wird nach wie vor eine paradiesische Erde sein, so wie sich Gott den Wohnort des Menschen vor seiner Erschaffung gedacht hatte und so wie der Mensch sich sein Paradies schon immer erträumt hat.

Die Seligpreisungen gelten gemeinhin als Inbegriff der christlichen Ethik und als Herzstück der Lehre von Jesus Christus. Doch die Seligpreisungen sind weit mehr als eine Anleitung für das diesseitige Leben. Sie sind in erster Linie Verheißungen für den Himmel. Sie versprechen dem Glaubenden das Himmelreich und den unmittelbaren Anblick Gottes. Dennoch wird in den Seligpreisungen der irdische Charakter des Himmels oft übersehen. Die dritte Seligpreisung, zum Beispiel, macht gar keinen Sinn wenn der Himmel nicht auf der Erde angesiedelt ist:

> *Glücklich zu preisen sind die Sanftmütigen; denn sie werden die Erde als Besitz erhalten.*
> Matthäus 5,5; NGÜ

Es kann nicht diese alte Erde gemeint sein, die hier den Sanftmütigen als Besitz versprochen wird. Denn im Kontext geht es um das Himmelreich, das zwar hier und jetzt im Herzen und in der wiederhergestellten Gemeinschaft der Gläubigen mit Gott beginnt, und dennoch erst im Himmel zu seiner vollen Ausgestaltung kommen wird. Denn die Sanftmütigen besitzen die Erde heute und hier nachweislich nicht. Sie werden *die* Erde in Besitz nehmen, die Johannes in seiner prophetischen Vorausschau gesehen hat, die Neue Erde, auf der es die Ozeane nicht mehr geben wird, dafür aber die absolute Gerechtigkeit.

Auch das Gebet des Herrn, das „Vater Unser", impliziert den Himmel auf Erden. Denn Jesus lehrt uns in diesem Mustergebet unter anderem zu beten: *„Dein Wille Geschehe wie im Himmel, so auch auf Erden."* Im Himmel geschieht in jedem Augenblick der Wille Gottes. Und zwar zu 100 Prozent. Ohne die kleinste Abweichung. Und es gibt zu dieser Regel keine Ausnahme. Das ist der Grund, warum der

Himmel perfekt und herrlich ist. Hier, auf unserer Erde, ist das leider nicht der Fall. Es besteht aber kein Zweifel daran, dass dieses Gebet erhört werden wird. Denn wenn Jesus uns vorschlägt zu beten *„Dein Wille Geschehe wie im Himmel, so auch auf Erden."*, dann ist das nicht als bloße religiöse Pflichtübung gemeint. Dann ist das kein bloßer frommer Wunsch, der sich doch in der Praxis niemals realisieren lässt. Nein. Die Bitte *„Dein Wille Geschehe wie im Himmel, so auch auf Erden"*, wird von Gott erfüllt werden. Es kommt ein Tag, an dem der Wille Gottes auf Erden mit der gleichen Perfektion und Genauigkeit erfüllt werden wird, wie er heute schon im Himmel erfüllt wird. Doch wann wird das geschehen? Auf welcher Erde? Auf dieser alten Erde ganz sicher nicht. Das ist ein wesentlicher Grund dafür, dass sie vernichtet wird. Der Wille Gottes wird erst auf der neuen Erde genau so erfüllt werden, wie im Himmel. Erst auf der neuen Erde werden wir die Erhörung dieser Bitte im „Vater Unser" erleben. Und weil der Wille Gottes auf der neuen Erde mit der gleichen Vollkommenheit zur Erfüllung kommen wird, wie er heute schon im Himmel geschieht, wird die neue Erde zum Himmel und zum Paradies werden. Wir müssen also feststellen, dass das Mustergebet, das Jesus seine Jünger lehrte, den Himmel auf Erden zur absoluten Notwendigkeit macht.

Nur im Lichte der biblischen Himmelslehre können wir auch die vielen Verheißungen Gottes an Abraham, Isaak, Jakob, David und ganz Israel verstehen und einordnen. Immer und immer wieder spricht der Herr dem treuen Israel das Verheißene Land als ewigen Besitz zu. Doch weder Abraham, noch Isaak, noch Jakob haben jemals mehr als ein Feld mit Grabhöhle in Machpela von diesem Land besessen. Und selbst nach der Landeroberung unter Josua besaß Israel sein Land nur relativ kurzfristig und auch in diesen Phasen blieb und bleibt es ein umkämpftes und umstrittenes Land.

Die wirkliche und endgültige Erfüllung dieser Verheißung Gottes steht noch aus. Doch sie wird unbedingt eintreffen, denn Gottes Verheißungen können ihn nicht gereuen. Gott ist nicht ein Mensch, dass er lügen könnte. Die Landverheißungen an Israel und an alle Sanftmütigen finden ihre endgültige und ewige Erfüllung auf der neuen Erde.

> *Und dein Volk soll lauter Gerechte sein. Sie werden das Land ewiglich besitzen als der Spross meiner Pflanzung und als ein Werk meiner Hände mir zum Preise.*
> Jesaja 60,21

Bereits Abraham und die Erzväter erkannten im Glauben, dass die Verheißungen Gottes sich auf ein Land außerhalb der alten Erde bezogen:

> *Diese alle sind gestorben im Glauben und haben das Verheißene nicht erlangt, sondern es nur von ferne gesehen und gegrüßt und haben bekannt, dass sie Gäste und Fremdlinge auf Erden sind. ¹⁴ Wenn sie aber solches sagen, geben sie zu verstehen, dass sie ein Vaterland suchen. ¹⁵ Und wenn sie das Land gemeint hätten, von dem sie ausgezogen waren, hätten sie ja Zeit gehabt, wieder umzukehren. ¹⁶ Nun aber sehnen sie sich nach einem besseren Vaterland, nämlich dem himmlischen. Darum schämt sich Gott ihrer nicht, ihr Gott zu heißen; denn er hat ihnen eine Stadt gebaut.*
> Hebräer 11,13-16

Die Propheten, allen voran Jesaja, haben das bessere Vaterland auf einer neuen Erde gesehen und verkündigt. Erst dort sollte die volle und endgültige Erfüllung der göttlichen Zusagen an sein Volk Wirklichkeit werden. Doch zuvor müsse „der Himmel wie ein Rauch vergehen und die Erde wie ein

Kleid zerfallen" (Jesaja 51,6). Allerdings ist laut Jesaja die Auflösung der alten Schöpfung lediglich das Ende der alten Welt, das zum Anfang einer Neuen führt:

> *Hört mir zu, die ihr die Gerechtigkeit kennt, du Volk, in dessen Herzen mein Gesetz ist! Fürchtet euch nicht, wenn euch die Leute schmähen, und entsetzt euch nicht, wenn sie euch verhöhnen! Denn die Motten werden sie fressen wie ein Kleid, und Würmer werden sie fressen wie ein wollenes Tuch. Aber meine Gerechtigkeit bleibt ewiglich und mein Heil für und für. ...So werden die Erlösten des HERRN heimkehren und nach Zion kommen mit Jauchzen, und ewige Freude wird auf ihrem Haupte sein. Wonne und Freude werden sie ergreifen, aber Trauern und Seufzen wird von ihnen fliehen. Ich, ich bin euer Tröster! ...ich habe mein Wort in deinen Mund gelegt und habe dich unter dem Schatten meiner Hände geborgen, auf dass ich **den Himmel von neuem ausbreite und die Erde gründe** und zu Zion spreche: Du bist mein Volk.*
> Jesaja 51,7-16

Es gibt ein weiteres Argument, das es zu bedenken gilt, wenn es um die logische Notwendigkeit einer himmlischen Erde geht: die Auferstehung des Leibes. Zunehmend haben Christen Mühe mit der biblischen Lehre von der Auferstehung des Leibes. Einige Christen fragen voller Unverständnis, wozu eine leibliche Auferstehung denn nötig sei. Wichtig sei doch, dass die Seele im Himmel lebe, wozu brauche man dort denn noch einen Leib. Sollte man die Auferstehung nicht vielleicht doch geistlich deuten? In dem Sinne, dass uns die guten Taten, die wir hier im Leibe vollbracht haben, angerechnet werden? Die verheerenden Einflüsse der platonischen Philosophie und der liberalen, bibelkritischen Theologie sind in diesen Fragen nicht zu überhören. Doch die Auferstehung des Leibes ist fester Bestandteil biblischer Zukunftslehre. Die Körper der Gläubigen, die wir heute auf unseren Friedhöfen beerdigen, werden am Auferstehungstag aus den Gräbern auferstehen. Verändert, unsterblich, vollkommen, aber leibhaftig und unübersehbar konkret. Sie werden auferstehen um auf der neuen Erde ewig weiterzuleben. Heute ist die christliche Auferstehungslehre umstritten. Der prominenteste Verfechter der Anti-Auferstehungs-These in Deutschland ist vermutlich Gerd Lüdemann, evangelischer Theologe und Professor für Neues Testament. Er lehrte an der Evangelisch-Theologischen Fakultät der Georg-August-Universität in Göttingen. Lüdemann verneint die Auferstehung von Jesus Christus und hat ein kritisches Buch darüber geschrieben. Demnach blieb Jesus im Grabe, am "dritten Tag" ist nichts geschehen, die Jünger hatten nur Visionen. Doch der prominenteste Lehrer des Christentums, Paulus, zählt die leibliche Auferstehung zu den Fundamenten des christlichen Glaubens, ohne die das ganze Gebäude des christlichen Glaubens einsturzgefährdet ist.

> *Christus wird somit als der verkündet, den Gott von den Toten auferweckt hat. Wie können da einige von euch behaupten: »Eine Auferstehung der Toten gibt es nicht!«?* [13] *Angenommen, es gibt wirklich keine Totenauferstehung: Dann ist auch Christus nicht auferstanden.* [14] *Und wenn Christus nicht auferstanden ist, ist es sinnlos, dass wir das Evangelium verkünden, und sinnlos, dass ihr daran glaubt.* [15] *Und nicht nur das: Wir stehen dann als falsche Zeugen da, weil wir etwas über Gott ausgesagt haben, was nicht zutrifft. Wir haben bezeugt, dass er Christus auferweckt hat; aber wenn es stimmt, dass*

die Toten nicht auferweckt werden, hat er das ja gar nicht getan.

¹⁶ Um es noch einmal zu sagen: Wenn die Toten nicht auferstehen, ist auch Christus nicht auferstanden. ¹⁷ Und wenn Christus nicht auferstanden ist, ist euer Glaube eine Illusion; die Schuld, die ihr durch eure Sünden auf euch geladen habt, liegt dann immer noch auf euch. ¹⁸ Und auch die, die im Glauben an Christus gestorben sind, sind dann verloren. ¹⁹ Wenn die Hoffnung, die Christus uns gegeben hat, nicht über das Leben in der jetzigen Welt hinausreicht, sind wir bedauernswerter als alle anderen Menschen.
1 Korinther 15,12-19; NGÜ

Jeder Christ muss für sich selbst entscheiden, wer für ihn die größere Autorität ist: der Apostel Paulus, oder Professor Lüdemann. Es gibt eine Auferstehung der Leiber, weil Christus den Tod überwunden hat und aus dem Grab als strahlender Sieger hervorgegangen ist. Es gibt eine Auferstehung der Leiber, weil Gott den Menschen als Geist-Seele-Leib Einheit geschaffen hat. Leiblichkeit gehört zum Menschsein. Der Körper macht einen wichtigen Teil unserer Identität aus. Und zur Leiblichkeit gehört auch eine Erde. Konkrete Menschen in konkreten Körpern leben auf einer konkreten Erde. Und weil wir in Gottes Himmel immer noch leibhaftige Menschen sein werden, ausgestattet mit wunderschönen, unsterblichen Körpern, werden wir in diesem Himmel auch auf einer für leibhaftige Menschen konzipierten Erde leben.

3

Der Himmel, ein konkreter Ort auf Gottes Karte

Der Himmel ist ein realer Ort. Die jenseitige Welt ist nicht ein Bewusstseins-Zustand, kein nebelhaftes Seelendasein, keine gespenstische Geisterexistenz auf Wolken. Der Himmel ist ein konkreter Ort auf Gottes „Karte". Aufschlussreich ist in diesem Zusammenhang der Bericht des Paulus über seinen „Trip" zum Himmel:

> *Ich kenne einen Menschen in Christus; vor vierzehn Jahren - ist er im Leib gewesen? ich weiß es nicht; oder ist er außer dem Leib gewesen? ich weiß es auch nicht; Gott weiß es -, da wurde derselbe entrückt bis in den dritten Himmel. ³ Und ich kenne denselben Menschen - ob er im Leib oder außer dem Leib gewesen ist, weiß ich nicht; Gott weiß es -, ⁴ der wurde entrückt in das Paradies und hörte unaussprechliche Worte, die kein Mensch sagen kann.*
> 2 Korinther 12,2-4

Wichtig ist diese Information: *ist er im Leib gewesen? ich weiß es nicht; oder ist er außer dem Leib gewesen? ich weiß es auch nicht; Gott weiß es -, da wurde derselbe entrückt bis in den dritten Himmel.*

Diese Auskunft des Paulus besagt, dass man sowohl außerhalb des Leibes, als auch in dem Leib in den Himmel gehen kann. Der Himmel ist ein so realer Ort, dass er in der Lage ist einen konkreten Körper, einen stofflichen Leib aufzunehmen. Man kann im Geist in den Himmel gehen und man kann im Leib in den Himmel gehen. Beides geht.

Es ist in diesem Zusammenhang auch wichtig festzuhalten, dass Jesus Christus in seinem Auferstehungsleib zum Himmel aufgefahren ist. Dieser Leib war zwar unsterblich und ewig, aber konkret, betastbar und „massiv". Thomas konnte seine Finger in die Wunden dieses Leibes legen. Jesus aß und trank mit seinen Jüngern in den 40 Tagen seines Nach-Auferstehungs-Lebens auf dieser Erde. Am Anfang war die Begegnung mit dem Auferstandenen seltsam und beängstigend. Sie meinten, sie sähen einen Geist. Doch Jesus beruhigte sie und zerstreute ihre Ängste und Bedenken, indem er sich von ihnen anfassen ließ und mit ihnen aß.

Als sie aber davon redeten, trat er selbst, Jesus, mitten unter sie und sprach zu ihnen: Friede sei mit euch!
37 Sie erschraken aber und fürchteten sich und meinten, sie sähen einen Geist. 38 Und er sprach zu ihnen: Was seid ihr so erschrocken, und warum kommen solche Gedanken in euer Herz? 39 Seht meine Hände und meine Füße, ich bin's selber. Fasst mich an und seht; denn ein Geist hat nicht Fleisch und Knochen, wie ihr seht, dass ich sie habe. 40 Und als er das gesagt hatte, zeigte er ihnen die Hände und Füße. 41 Als sie aber noch nicht glaubten vor Freude und sich verwunderten, sprach er zu ihnen: Habt ihr hier etwas zu essen? 42 Und sie legten ihm ein Stück gebratenen Fisch vor. 43 Und er nahm's und aß vor ihnen.
Lukas 24,36-42

In diesem konkreten Leib aus *Fleisch und Knochen* ist Jesus 40 Tage nach seiner Auferstehung zum Himmel aufgefahren. In diesem Leib lebt er in der Herrlichkeit des

Himmels und in diesem Leib wird er am Ende der Tage sichtbar für alle Welt auf unsere Erde wiederkommen.

Es gibt mindestens zwei weitere Persönlichkeiten, die im Leib zum Himmel aufgefahren sind: Henoch und Elia. Auch die Tatsache der leiblichen Auferstehung der Toten macht deutlich, dass der Himmel eine „geographische" Lokalität, ein konkreter Ort, eine „topographische Landfläche" ist. Vor seinem Abschied sagte Jesus seinen Jüngern, dass er hingehe, um ihnen einen Ort vorzubereiten (Johannes 14,2). Das griechische Wort für Ort ist *topos,* von dem wir unser Wort *Topographie* ableiten. Eines Tages werden wir in unserem Auferstehungsleib in den Himmel hinaufgehen und wir werden unsere Auferstehungsfüße dort auf festen himmlischen Grund stellen!

Wo ist der Himmel?

Paulus berichtet den Korinthern, dass er im dritten Himmel war. Der erste Himmel ist der Lufthimmel. Der zweite Himmel ist der Sternenhimmel. Und der dritte Himmel ist Gottes Himmel, das Haus des Vaters. Den ersten Himmel sehen wir im Licht des Tages. Den zweiten Himmel sehen wir in der Dunkelheit der Nacht. Und den dritten Himmel sehen wir im Glauben. Noch! Paulus sah ihn allerdings mit seinen Augen. Johannes auch. Paulus nennt den dritten Himmel auch Paradies. Das Paradies und der dritte Himmel sind Synonyme. Wer im Himmel angekommen ist, ist im Paradies angekommen und umgekehrt.

Der Himmel ist oben.

Wenn wir vom Himmel sprechen, dann sagen wir, dass er oben ist. Wir gehen hoch, nach oben, aufwärts, in den Himmel. Darüber lachen die Skeptiker. Sie sagen, das ist unaufgeklärt und primitiv. Die Erde sei schließlich rund. Wo ist denn dann oben? Paulus war in Palästina und für ihn war oben in die eine Richtung. Für Europäer ist es diese Richtung, für Australier die andere, für Nord- oder Südamerikaner wieder eine andere. Außerdem dachten die Menschen damals, dass die Erde flach sei. Heute wissen wir, dass sie rund ist. Wie kann der Himmel oben sein, wenn es für jeden in eine andere Richtung hochgeht? Doch Vorsicht ist geboten! Erstens: Die Bibel hat schon immer behauptet, dass die Erde rund ist.

*Er thront über dem **Kreis der Erde**, und die darauf wohnen, sind wie Heuschrecken; er spannt den Himmel aus wie einen Schleier und breitet ihn aus wie ein Zelt, in dem man wohnt;*
Jesaja 40,22

Die Bibel hat auch niemals behauptet, dass die Erde auf Säulen, geschweige denn auf Elefanten oder Riesenschildkröten steht, sondern dass sie, das Newtonsche Gravitationsgesetz und die **allgemeine Relativitätstheorie Einsteins** vorausgesetzt, im Raum schwebt.

Er spannt den Norden aus über dem Leeren und hängt die Erde über das Nichts.
Hiob 26,7

Zweitens: Es gibt einen Ort auf unserem Globus, der immer und für alle oben ist. Dieser Punkt liegt im Norden. Es ist der Nordpol. Unabhängig davon wo man sich befindet, redet man davon, dass man hochfährt, hinauf in den Norden und herunter in den Süden. Man ist hoch oben im Norden oder tief unten im Süden. Warum eigentlich? Weil der Norden in Gottes Koordinatensystem oben liegt.

Der Nordpol ist eine feste, fixe Position! Wenn man eine Filmkamera am Nordpol auf den Polarstern richten und lange aufnehmen würde, würde man all die Sterne um den Polarstern herum kreisen sehen. Der Polarstern würde feststehen und sich nicht bewegen. Er wird deshalb auch Fixstern am Himmelsnordpol genannt.

Ist der Himmel oben im Norden?

Ich will das nicht als dogmatische Lehre der Bibel präsentieren, doch die Bibel deutet an mehreren Stellen an, dass der Himmel von uns aus gesehen oben im Norden ist. Bevor Luzifer, der Engel des Lichts, zum Satan wurde, wollte er Gott gleich sein. Um dieses Ziel zu erreichen, war es seine Absicht auf den Gottesberg im fernsten Norden zu steigen um seinen Thron dort aufzustellen.

> *Du aber gedachtest in deinem Herzen: »Ich will **in den Himmel steigen** und meinen Thron über die Sterne Gottes erhöhen, ich will mich setzen auf den Berg der Versammlung im **fernsten Norden**. ¹⁴ Ich will **auffahren** über die hohen Wolken und gleich sein dem Allerhöchsten.«*
> Jesaja 14,13-14

Im Buch Hiob wird behauptet dass Gottes Glanz und Herrlichkeit vom Norden her erscheinen.

> *Von **Norden** kommt goldener Schein; um Gott her ist schrecklicher Glanz.*
> Hiob 37,22

Die Psalmendichter Asaf und die Söhne Korach scheinen sich darüber einig zu sein, dass Gott im Norden residiert.

*Erhebt nicht zur Höhe euer Horn! Redet nicht Freches mit Stolz gerecktem Hals! ⁷ Denn **nicht von Osten, noch von Westen, und nicht von Süden her kommt Erhöhung.** ⁸ Denn Gott ist Richter. Diesen erniedrigt er, und jenen erhöht er.*   Psalm 75:6-8

*Groß ist der HERR und hoch zu rühmen in der Stadt unsres Gottes, auf seinem heiligen Berge. Schön ragt empor der Berg Zion, daran sich freut die ganze Welt, **der Gottesberg fern im Norden,** die Stadt des großen Königs.*
Psalm 48,2-3

Durch den Propheten Jesaja kündigt Gott an, dass der Erlöser Israels vom Norden her kommen wird.

*Von **Norden** habe ich einen kommen lassen und er ist gekommen, vom Aufgang der Sonne her den, der meinen Namen anruft. Er zerstampft die Gewaltigen wie Lehm und wie der Töpfer, der den Ton tritt.*
Jesaja 41,25

Als Hesekiel die Herrlichkeit Gottes und den schrecklichen Glanz des Heiligen sah, kam die himmlische Vision vom Norden her zu dem Propheten.

*Und ich sah, und siehe, es kam ein ungestümer Wind von **Norden** her, eine mächtige Wolke und loderndes Feuer, und Glanz war rings um sie her, und mitten im Feuer war es wie blinkendes Kupfer.*
Hesekiel 1,4

Und schließlich weist Gott Moses an, wie der Priester das Brandopfer darbringen soll. Das Opfertier soll in Richtung Norden, dem Herrn zu, geopfert werden.

*Und er schlachte es an der Seite des Altars **nach Norden zu vor dem HERRN**. Und die Priester, Aarons Söhne, sollen das Blut ringsum an den Altar sprengen.*
Levitikus 1,11

4

Erkennen wir uns im Himmel wieder?

Werden wir unsere Lieben wiedersehen und einander im Himmel erkennen? Diese Frage bewegt viele Christen. Die Sorge ist zwar unbegründet, ist aber die logische Folge einer bibelfremden Himmelstheologie. Wenn der Himmel nur ein geistiger Nebel oder ein „transzendentes ewiges Jetzt" ist, dann ist das Wiedererkennen der Menschen, die wir in diesem Leben gekannt haben, im Himmel eher unwahrscheinlich. Doch wenn der Himmel eine „handfeste", konkrete neue ewige Welt ist, dann steht das einander Wiedererkennen außer Frage.

Wiedersehen macht Freude. Das ist eine Wahrheit, die nicht nur auf dieser Erde für Menschen gilt, die sich gern haben. Diese Aussage hat ewige Bedeutung und ist im Himmel ebenso gültig wie in dieser Welt. Ohne dass wir einander wiedersehen und wiedererkennen, bliebe der Himmel für uns eine seltsam fremde Welt. Jeder wäre dort nur ein Fremder unter Fremden. Jesus selbst hat von diesem Wiedersehen gesprochen und es seinen Jüngern in Aussicht gestellt:

Und auch ihr habt nun Traurigkeit; aber ich will euch wiedersehen, und euer Herz soll sich freuen, und eure Freude soll niemand von euch nehmen.
Johannes 16,22

Wenn die Apostel Jesus und einander bei dem Wiedersehen nicht wiedererkennen sollten, hätte dieses Treffen keine Bedeutung. Doch der Himmel ist ein großes Wiedersehen und das endgültige Heilen aller

Trennungsschmerzen. Das Wiedersehen wird einen großen Teil der himmlischen Freude ausmachen, die „niemand von uns nehmen" wird.

Jeder von uns behält im Himmel seine Persönlichkeit. Unsere Werke „folgen" uns nach. Unsere Biographie, unsere Talente, Taten und Leistungen sind nicht verschwunden und vergessen. Alles das, was unsere Freunde mit uns und unserem Namen verbinden, was uns ausmacht und auszeichnet, ist im Himmel nicht verschollen. Unsere irdische Geschichte bleibt bestehen. Und unser Gedächtnis wird in der neuen Welt Gottes nicht ausgelöscht oder ausgeblendet.

So, wie die gemeinsamen Erfahrungen der 12 Jünger Jesu sie für immer verbinden und einen wesentlichen Teil ihrer ewigen Identität ausmachen werden, so wird es auch bei jedem anderen Jünger des Herrn sein, der Jesus nachgefolgt ist. Die gemeinsamen Erfahrungen in der Gemeinde, die gemeinsam erlebten Gebetserhörungen, die geteilten Freuden und Leiden des Lebens, werden uns für immer miteinander verbinden.

Für das Wiedererkennen und Wiedersehen im Himmel gibt es viele Hinweise und Bestätigungen in der Bibel. Ein wunderschöner Hinweis ist der Begriff für das Sterben der Gläubigen im Alten Testament. Wenn sie gestorben sind, wurden ihre Körper zwar in ein Grab gelegt und beerdigt, aber ihr Geist, ihre Person – sie selbst wurden zu ihren „Vätern versammelt". So heißt es von Abraham:

Und Abraham verschied und starb in einem guten Alter, als er alt und lebenssatt war, und wurde zu seinen Vätern versammelt.
Genesis 25,8

Abrahams Leib wurde zwar in dem Grab in Machpela beigesetzt, er selbst aber ging zu seinen Vätern, das heißt zu seinen Vorfahren, zu seinem Volk, seiner Verwandtschaft, seiner Familie. Abraham erlebte nach seinem leiblichen Tod eine Familienzusammenführung, ein Familientreffen im Himmel. Und als er dort ankam, wurde er erkannt, begrüßt und willkommen geheißen, so, wie es auch in diesem Leben unter Freunden und Verwandten nach einer langen Trennung üblich ist. Auch Isaak und Jakob wurden nach ihrem Tod zu ihren „Vätern versammelt".

Und Isaak wurde hundertundachtzig Jahre alt, verschied und starb und wurde versammelt zu seinen Vätern, alt und lebenssatt. Und seine Söhne Esau und Jakob begruben ihn.
Genesis 35,28-29

Und als Jakob dies Gebot an seine Söhne vollendet hatte, tat er seine Füße zusammen auf dem Bett und verschied und wurde versammelt zu seinen Vätern.
Genesis 49,33

Auch Moses wurde nach seinem Tod mit seinen Lieben im Himmel vereint. Dort warteten bereits sein Bruder Aaron, seine Schwester Miriam, seine Eltern und all die anderen gläubigen Juden, angefangen mit Abraham, Sara, Isaak, Rahel, Jakob, Lea und Rebekka.

Und der HERR sprach zu Mose: Steig auf dies Gebirge Abarim und sieh auf das Land, das ich den Israeliten geben werde. Und wenn du es gesehen hast, sollst du auch zu deinen Vätern versammelt werden, wie dein Bruder Aaron zu ihnen versammelt ist.
Numeri 27,12-13

Dass wir einander wiedersehen und wiedererkennen werden, bestätigen auch die Ausführungen Jesu über das Jenseits. In seinem Bericht über Lazarus und den reichen Mann, macht Jesus klar, dass der reiche Mann in der Hölle, Lazarus und Abraham im Himmel erkennt. Auch Abraham erkennt sowohl Lazarus als auch den reichen Mann. Über die Identität der drei gibt es im Jenseits kein Rätseln und keine Zweifel. Jeder erkennt jeden sofort als die Person der Geschichte, die diese auf Erden war. Es wird aus diesem Bericht auch unmissverständlich deutlich, dass niemand, weder im Himmel, noch in der Hölle, seine Identität verliert oder in der jenseitigen Welt unerkannt bleibt.

Eine weitere Bestätigung dieser Tatsachen erfahren wir aus dem Bericht über die Verklärung des Herrn in der Gegenwart von Petrus, Jakobus und Johannes (Matthäus 17,1-9). Die drei Apostel erkannten sofort und ohne fremde Hilfe die beiden Männer der fernen Vergangenheit Israels: Mose und Elia. Elia war vor vielen Jahrhunderten in den Himmel entrückt worden, Mose war seit über 1000 Jahren tot und begraben. Doch beide sind lebendig, aktiv, haben ihre Identität nicht verloren und werden auf Anhieb erkannt, selbst von Menschen, die sie vorher noch nie gesehen hatten.

Jesus bestätigt mehrmals ohne jeden Zweifel und mit großer Selbstverständlichkeit die Tatsache, dass wir uns im Himmel treffen und einander wiedererkennen werden, bzw. dass diejenigen, die bereits dort sind, sich wiedersehen, kennen und frohe Gemeinschaft miteinander haben.

Jesus macht deutlich, dass niemand, der hier im Glauben gestorben ist und begraben wurde, im Himmel tot ist. Sie sind alle im Himmel und sind dort lebendiger denn je. Das wird schon aus der Geschichte über den reichen Mann und Lazarus deutlich. Als Jesus mit dem Unglauben der

Sadduzäer konfrontiert wird, die die Auferstehung der Toten anzweifeln, gibt er diesen eine erstaunliche Antwort:

Habt ihr denn nicht gelesen von der Auferstehung der Toten, was euch gesagt ist von Gott, der da spricht (Exodus 3,6): »Ich bin der Gott Abrahams und der Gott Isaaks und der Gott Jakobs«? Gott ist nicht ein Gott der Toten, sondern der Lebenden.
Matth. 22,31-32

Obwohl alle drei Männer seit langem tot und begraben sind, sind sie laut Jesu Auskunft lebendiger denn je. Sie leben in Gottes Gegenwart und Gott nennt sich selbst mit ihren Namen. Er würde sich niemals mit Namen von Menschen schmücken, die tot sind. Er ist ein Gott der Lebenden. Die drei Erzväter Israels sind nach wie vor Personen mit ihrer ursprünglichen Identität, bekannt und lebendig bei Gott und den Bewohnern des Himmels als Abraham, Isaak und Jakob.

Eine weitere erstaunliche Auskunft über die Bewohner des Himmels gibt uns Jesus in seinem Zeugnis über Abraham im Johannesevangelium. In einem Streitgespräch mit den Pharisäern über seinen Anspruch Gott zu sein, behauptet Jesus, Abraham zu kennen. Er sagt unter anderem:

Abraham, euer Vater, jubelte, dass er meinen Tag sehen sollte, und er sah ihn und freute sich. Da sprachen die Juden zu ihm: Du bist noch nicht fünfzig Jahre alt und hast Abraham gesehen? Jesus sprach zu ihnen:
Wahrlich, wahrlich, ich sage euch: Ehe Abraham war, bin ich.
Johannes 8,56-58

Abraham wurde im Himmel offensichtlich in den Erlösungsplan Gottes eingeweiht. Und als er schließlich den

Tag der Menschwerdung des Sohnes Gottes miterlebte, jubelte er und freute sich sehr. Auch Mose und Elia waren in den Erlösungsplan Gottes eingeweiht. Es scheint so zu sein, dass die Himmelsbewohner in dieser Phase der Heilsgeschichte nichts mehr bewegte, als das Erlösungswerk Jesu am Kreuz von Golgatha. Als Mose und Elia sich auf dem Verklärungsberg mit Jesus unterhielten, ging es dabei um seinen Kreuzestod und die anschließende Auferstehung.

Und siehe, zwei Männer redeten mit ihm, es waren Mose und Elia. Diese erschienen in Herrlichkeit und besprachen seinen Ausgang, den er in Jerusalem erfüllen sollte.
Lukas 9,30-31

Menschen, die hier gläubig gestorben sind und deren Körper in einem Grab beigesetzt wurden, sind im Himmel offensichtlich lebendig und vital. Sie haben Gemeinschaft mit Gott, mit Jesus und miteinander. Sie sind dort mit ihrer menschlichen Identität und mit ihrem Namen bekannt. Sie nehmen regen Anteil am Leben und beobachten mit großem Interesse und riesiger Freude die stufenweise Verwirklichung des Heilsplans Gottes.

Diese wunderbare himmlische Gemeinschaft erwartet jedes gläubige Kind Gottes. In Gottes Reich werden wir nicht nur die Menschen wiedersehen, die wir bereits in diesem Leben gekannt haben, sondern wir werden auch die Personen der Geschichte aus der Vergangenheit kennenlernen, und zwar sowohl die uns aus der Bibel und der christlichen Geschichte bekannten, als auch die uns jetzt noch nicht bekannten. Auch das macht Jesus unmissverständlich deutlich:

Ich sage euch aber, dass viele von Osten und Westen kommen und mit Abraham und Isaak und Jakob zu Tisch liegen werden in dem Reich der Himmel.
Matthäus 8,11

Das Erkennen und erkannt werden wird im Himmel vollkommen perfekt funktionieren. Wir werden uns in Gottes Welt erst wirklich ganz und richtig kennenlernen. Denn hier und jetzt kennen wir uns oft nur flüchtig und oberflächlich. Viele Facetten der Persönlichkeit bleiben uns oft verborgen. Manches verstecken und verschweigen wir bewusst. Dort wird das Kennen ganzheitlich und vollkommen sein, ohne Verzerrung. Niemand wird sich ein falsches Bild über den anderen machen. Paulus sagt:

Denn wir sehen jetzt mittels eines Spiegels undeutlich, dann aber von Angesicht zu Angesicht.

Jetzt erkenne ich stückweise, dann aber werde ich erkennen, wie auch ich erkannt worden bin.
1 Korinther 13,12

5
Die neue Erde wird himmlisch

Dass der Himmel irdisch wird, ist faszinierend und erstaunlich. Doch diese Tatsache ist nur die eine Seite der Medaille. Nicht nur wird der Himmel irdisch, sondern die neue Erde wird auch himmlisch werden. Johannes beschreibt uns einen wichtigen Grund dafür gleich im zweiten Satz seiner Himmelsschilderung:

> *Und ich sah die heilige Stadt, das neue Jerusalem, von Gott aus dem Himmel herabkommen, bereitet wie eine geschmückte Braut für ihren Mann.*
> Offenbarung 21,2

Es gibt in Gottes Himmel heute schon eine himmlische Stadt. Die Stadt hat einen Namen: Neues Jerusalem. Diese Stadt wird am Tag der Vollendung der neuen Schöpfung, wie ein riesiges Raumschiff aus Gottes jetzigem Himmel herunter schweben und auf der neuen Erde landen. Ab diesem Tag wird diese Stadt für immer auf der Neuen Erde bleiben. Sie wird das Zentrum der Neuen Welt Gottes und die Hauptstadt der Neuen Erde sein. Diese Stadt wird der Neuen Erde himmlischen Glanz verleihen und die Erde zum Himmel machen. Überhaupt ist nach der Landung des Neuen Jerusalem auf der Neuen Erde der Unterschied zwischen Himmel und Erde für immer aufgehoben. Der Himmel kommt auf die Erde und die Erde wird zum Himmel. Der Himmel wird irdisch und die Erde wird himmlisch. Die beiden verschmelzen miteinander zu einer unauflöslichen Einheit.

Mit dem Herabkommen der himmlischen Stadt auf die Neue Erde geschieht etwas Unvorstellbares: Gott zieht um! Der Schöpfer zieht mit seinem Himmel auf die Neue Erde um. Es ist dieser Wohnungswechsel Gottes, der die Erde endgültig und unwiderruflich zum Himmel macht. Der Himmel ist immer dort, wo Gott wohnt. Wenn Gott also auf die Erde umzieht, dann wird die Erde automatisch zum Himmel. Johannes beschreibt uns das Unbeschreibliche:

Und vom Thron her hörte ich eine mächtige Stimme rufen:»Seht, die Wohnung Gottes ist jetzt bei den Menschen! Gott wird in ihrer Mitte wohnen; sie werden sein Volk sein – ein Volk aus vielen Völkern, und er selbst, ihr Gott, wird ´immer` bei ihnen sein.
Offenbarung 21,3; NGÜ

Wir dürfen Gottes Anwesenheit nicht mit Gottes Wohnort verwechseln. Gott ist zwar immer allgegenwärtig, aber das bedeutet nicht, dass er auch überall wohnt. Auch wir sind regelmäßig auf der Arbeit, manchmal bei Freunden und Verwandten und ab und zu in einem anderen Land anwesend. Aber das bedeutet nicht, dass wir dort auch wohnen. Wir wohnen immer nur dort, wo unser zuhause ist. Wir können zwei Wohnorte haben und sind dann an beiden Orten zuhause. So ist es auch bei Gott. Der Schöpfer verrät uns in seinem Wort, dass er zwei Wohnadressen hat: das Heiligtum des Himmels und das Herz des demütigen Menschen.

Denn so spricht der Hohe und Erhabene, der ewig wohnt, dessen Name heilig ist: Ich wohne in der Höhe und im Heiligtum und bei denen, die zerschlagenen und demütigen Geistes sind, auf dass ich erquicke den Geist der Gedemütigten und das Herz der Zerschlagenen. Jesaja 57,15

Nun zieht Gott um und verlegt seinen ersten Wohnsitz auf die Neue Erde. Er, der Schöpfer der Welt, wird auf dieser Erde nicht bloß anwesend sein, Kraft seiner Allgegenwart, sondern er wird dort unmittelbar und sichtbar wohnen. Das ist es, was die neue Erde eigentlich und endgültig zum Himmel macht: Gottes unmittelbare Präsenz. Gott, der Schöpfer selbst, wohnt mit seiner Schöpfung und teilt mit dem Menschen denselben Wohnort: die Neue Erde. Es ist diese unmittelbare Gegenwart Gottes, die alle anderen himmlischen Merkmale der Neuen Erde in den Schatten stellen wird. Gott zieht um mit seiner Stadt, mit seinem Sohn, mit seinem Thron und mit seinen Engeln, die seinen Thron umgeben. Und fortan wird Gott mit uns leben auf der Neuen Erde in der Stadt Gottes – in dem Neuen Jerusalem. Gott ist anwesend, Gott ist erreichbar, sichtbar, ansprechbar. Gott wird bei ihnen wohnen, *und sie werden sein Volk sein, und er selbst, Gott mit ihnen, wird ihr Gott sein*. Das muss Johannes die Sprache verschlagen haben. Gott teilt sich die Neue Erde und die herrliche Stadt mit uns!

Die Sehnsucht nach Gott ist der größte Schmerz, den der Mensch seit dem Sündenfall und dem verlorenen Paradies kennt. Jeder gläubige Mensch träumt davon, Gott einmal von Angesicht zu sehen. Mose hatte diesen Wunsch, doch er durfte Gott nicht von Angesicht sehen.

> *Und Mose sprach: Lass mich deine Herrlichkeit sehen! [19] Und er sprach: Ich will vor deinem Angesicht all meine Güte vorübergehen lassen ... aber ...Mein Angesicht kannst du nicht sehen; denn kein Mensch wird leben, der mich sieht. [21] Und der HERR sprach weiter: Siehe, es ist ein Raum bei mir, da sollst du auf dem Fels stehen. [22] Wenn dann meine Herrlichkeit*

vorübergeht, will ich dich in die Felskluft stellen und meine Hand über dir halten, bis ich vorübergegangen bin. ²³ Dann will ich meine Hand von dir tun, und du darfst hinter mir her sehen; aber mein Angesicht kann man nicht sehen.
Exodus 33,18-23

Auch David kannte diesen unstillbaren Durst nach Gott: *Gott, du bist mein Gott, den ich suche. Es dürstet meine Seele nach dir, mein ganzer Mensch verlangt nach dir aus trockenem, dürrem Land, wo kein Wasser ist* (Psalm 36,1). Doch wir werden Gott sehen. Und mit ihm leben und er mit uns. Jesus hat gesagt: *Selig sind die reinen Herzens sind, denn sie werden Gott schauen* (Matthäus 5,8). Und dann ging Jesus ans Kreuz und hat unsere Herzen mit seinem Blut gereinigt, damit wir, als gerettete Menschen, Gott schauen können. Das ist das Wunder unsrer Erlösung – dass wir in der Gegenwart unseres Gottes willkommen geheißen werden und ihn von Angesicht zu Angesicht sehen werden.

Was die neue Erde noch zum Himmel machen wird

Es gibt drei Voraussetzungen für himmlische Zustände auf der Neuen Erde. Die wichtigste von allen ist Gottes unmittelbare Gegenwart bei uns. Die zweite ist der Umzug des Himmels auf die Erde – die Stadt Gottes, das Neue Jerusalem, landet auf der Erde und wird zur Hauptstadt der Neuen Welt. Nun nennt uns Johannes die dritte Voraussetzung - und zwar sagt er uns, was auf der Neuen Erde fehlen muss, damit sie zum Himmel wird. Es ist die Abwesenheit von vier Dingen.

und Gott wird abwischen alle Tränen von ihren Augen, und der Tod wird nicht mehr sein, noch Leid

noch Geschrei noch Schmerz wird mehr sein; denn das Erste ist vergangen.
Offenbarung 21,4

Wenn wir bei unserem Gott angekommen sind, dann wird unser Vater als erstes unsere Tränen trocknen. Denn Tränen passen nicht zum Himmel. Was für ein Moment wird das sein! Wie eine Mutter ihrem weinenden Kind die Tränen abwischt und es tröstet, so wird Gott uns in seine Arme nehmen und unsere Tränen trocknen. Natürlich verstehen wir, dass diese Handlung Gottes ein Bild für weit mehr als das bloße Abwischen von Tränen sein muss.

Es geht um den endgültigen und ultimativen Trost, es geht um die ganzheitliche Heilung aller Schmerzen, um die himmlische Entschädigung für alles Irdische Leid und um die persönliche zärtliche Zuwendung des Himmlischen Vaters an sein Kind, die eine absolute Tröstung und Heilung mit sich bringen wird. Vermutlich wird der Vater bei dieser liebevollen Handlung auch jedem seiner Kinder eine Erklärung für das ertragene Leid geben und zeigen, warum es sinnvoll und unvermeidlich war. Und wie er im Leid mit uns war und mitgelitten hat und die Not erträglich gemacht hat. Gott wird dabei aber auch noch etwas tun, was eine Mutter nicht tun kann: Er wird nicht nur die Tränen abwischen, sondern auch alle Verursacher der Tränen für immer beseitigen.

Kein Tod

Er wird den Tod beseitigen. Denn dieser war und ist der Hauptverursacher von Tränen und Schmerz. Wie viel Herzeleid, wie viel Not und Weinen hat der Tod verursacht. Der Tod ist eine der Haupursachen dafür, dass diese alte Erde ein trauriger Ort geworden ist. Der Tod begegnet uns auf Schritt und Tritt. Er begegnet uns in jeder Zeitung in Form von Todesanzeigen. In jeder Stadt in Form von Hospizen, Bestattungshäusern, Särgen, Leichenwagen, Gräbern und Friedhöfen. In den Nachrichten, im Straßenverkehr, auf Kriegsschauplätzen und in Krankenhäusern. Er ist allgegenwärtig und lässt sich nicht verdrängen oder leugnen. Er trifft alte und kranke Menschen, Menschen im mittleren und im jungen Alter, Soldaten und Zivilisten, Männer und Frauen, Kinder und Säuglinge unmittelbar nach der Geburt und selbst Kinder im Mutterleib, noch vor der Geburt. Niemand bleibt vor dem Tod verschont.

Doch nun ist er für immer beseitigt. Es gibt keinen Tod, kein Sterben mehr. Ewiges Leben und der Tod sind zwei unvereinbare Gegensätze. Der Tod kam in das Leben des Menschen hinein als Folge der Sünde. Weil die Sünde den Menschen von Gott trennte, war der Mensch auch automatisch von der Quelle des Lebens getrennt. Es kann kein Leben außerhalb von Gott geben. Doch nun ist die Sünde beseitigt und der Mensch heilig und gerecht und fähig in der Gegenwart Gottes zu leben. Und in der unmittelbaren Gegenwart Gottes zu leben bedeutet unsterblich zu sein. Dieser Gott, der „allein Unsterblichkeit hat" (1 Timotheus 6,16), teilt sein ewiges Leben mit seinen Kindern und macht sie unsterblich.

Kein Leid

Unser Vater wird auch alles Leid beseitigen. Es wird für immer aus der Wirklichkeit verschwunden sein. Leiden plagen die Menschen seit dem Verlust des ersten Paradieses. Es sind die Leiden der Armut und der Verachtung. Die Leiden des Hungers und der Kriege. Es sind die Leiden der Seele und des Körpers. Die Leiden der Witwen und der Waisen, der Verstoßenen und der Abgelehnten. Die Leiden der körperlich und geistig Behinderten. Die Leiden der Geschiedenen und die Leiden der Verlassenen. Die Leiden der Verfolgten und der Gefangenen. Die Leiden der Obdachlosen und die der Alten und Gebrechlichen. Wie viele Tränen hat das Leid auf dieser Erde verursacht. Doch es kommt der Tag, an dem Gott jede Träne, die durch Leiden verursacht wurde, endgültig abwischen wird und das Leid aus dem Wortschatz der Menschen auf der Neuen Erde streichen wird. Es wird kein Leid mehr geben.

Kein Geschrei

Auch kein Geschrei wird es mehr geben. Mit Geschrei ist hier vermutlich in erster Linie das Schreien der Kinder Gottes zu ihrem Vater im Himmel gemeint. Es ist das Geschrei des Gebets. Das Rufen und Schreien der Kinder Gottes zu ihrem Vater im Himmel wird für immer verstummen. Denn er wird selbst da sein. Die Tränen des Schreiens im Gebet werden für immer abgewischt sein.

Kein Schmerz

Und dann wird es auch keinen Schmerz mehr geben. Schmerzen begleiten den Menschen von seiner Geburt an. Leid, Schmerz, Geschrei und Tod sind die Folgen der Sünde. Sie sind der Fluch, den die Sünde über uns gebracht hat. Doch wenn die Sünde beseitigt und besiegt ist, werden auch all ihre Folgen für immer verschwinden. Die Schmerzen der Geburt. Die Kopfschmerzen und die Zahnschmerzen, die Bauchschmerzen und die Herzschmerzen werden für immer verschwinden. Wie viele Schmerzen plagen die Menschen heute in unseren Krankenhäusern, in unseren Arztpraxen. Körperliche und seelische Schmerzen. Sie alle sind nicht mehr möglich. Es gibt sie nicht in der neuen Welt Gottes. Welch eine unbeschreibliche Erleichterung wird die Abwesenheit dieser vier Dinge für uns, leid- und schmerzgeplagte Menschen sein.

Weil es die vier Dinge auf der Neuen Erde nicht mehr geben wird, wird es auch viele Einrichtungen, an die wir uns hier gewöhnt haben dort ebenso nicht mehr geben. Auf der Neuen Erde und im Neuen Jerusalem wird es keine Krankenhäuser und keine Arztpraxen geben, keine Apotheken und keine Medikamente, keine Feuerwehren und keine Polizei, keine Armeen, keine Waffen, keine Krankenwagen, keine Psychiater, keine Schmerztherapeuten, keine Psychiatrien, keine Waisenheime, keine Frauenhäuser, keine Gefängnisse, keine Altenheime, keine Rollstühle, keine Krücken, keine Brillen, keine Optiker, keine Bestatter, keine Leichenwagen, keine Friedhöfe....

Der Himmel ist die tausendfach übertroffene Erfüllung aller Träume: er ist pulsierendes Leben in nie gekannter Qualität, verblüffende Schönheit in nie geahnter Intensität, die milliardenfache Belohnung für jede irdische Entbehrung, die endgültige und ewige Heilung aller Schmerzen und Wunden. Dieser Himmel ist unsere Heimat.

6
Die Hauptstadt der neuen Welt Gottes

Die Neue Erde, die gleichzeitig unser Himmel und unser Paradies ist, wird von einer faszinierenden Stadt dominiert werden. Das Neue Jerusalem ist die leuchtende Welthauptstadt der neuen erlösten Erde. Von dieser Stadt gehen in alle Ewigkeit das Licht und das Leben für alle Bewohner der Neuen Erde aus. Hier strömt das Wasser des Lebens, hier wachsen Bäume des Lebens, hier thront der Fürst des Lebens. Das reine, pulsierende Stadtleben des Neuen Jerusalem wird für immer der Motor und Impulsgeber für alle Entwicklungen und Projekte der Menschen auf der Neuen Erde sein. Die Stadt ist ein wahr gewordenes Märchen. Doch nichts in ihr ist fiktiv. Alles ist real und handfest. Kein Wunder, dass die Bibel so viel von ihr berichtet. Kein Wunder, dass sie in so vielen Liedern besungen wird. Kein Wunder, dass sie die Sehnsucht und die Traumstadt aller Kinder Gottes ist. Johannes sah sie und kam aus dem Staunen nicht mehr heraus:

> *Und ich sah die heilige Stadt, das neue Jerusalem, von Gott aus dem Himmel herabkommen, bereitet wie eine geschmückte Braut für ihren Mann.*
> Offenbarung 21,2

Sie ist Gottes Meisterwerk

Wir sind auf der alten Erde schon von manchen Städten fasziniert und begeistert. Von New York, Tokio, Rio, Sydney, Berlin, Moskau... Uns faszinieren Größe, Architektur, kulturelle und kulinarische Vielfalt, Museen, Wege, Parks, Plätze und Märkte, Straßen und Alleen, die Menschen und das pulsierende Leben der Stadt. Doch wie würde eine Stadt aussehen, die Gott selbst entworfen und gebaut hätte? Worauf würde Gott Wert legen? Welche Architektur würde diese Stadt haben? Welche Straßen würde Gott bauen, welche Materialien würde Gott verwenden? Nun, das Neue Jerusalem ist diese Stadt! Eine Stadt, die Gott gebaut hat! Schon Abraham, der alte Hebräer träumte von dieser Stadt und wartete auf den Tag, an dem er dort ankommt. Wir lesen von der Erwartung Abrahams im Hebräerbrief 11,10:

Denn er wartete auf die Stadt, die einen festen Grund hat, deren Baumeister und Schöpfer Gott ist.

Gott ist Architekt und Erbauer dieser Stadt. Das Neue Jerusalem ist bereits gebaut. Die himmlische Stadt ist fertig. Und eines Tages wird sie aus Gottes Himmel herunter schweben, wie ein riesiges leuchtendes Raumschiff und sanft und grandios unter dem Applaus der Engel und der erlösten Menschen auf der Neuen Erde landen. Gott hat das Neue Jerusalem für uns Menschen, für seine Kinder, gebaut. Für die Menschen, die sich nach einem besseren Vaterland sehnen:

Nun aber sehnen sie sich nach einem besseren Vaterland, nämlich dem himmlischen. Darum schämt sich Gott ihrer nicht, ihr Gott zu heißen; denn er hat ihnen eine Stadt gebaut.
Hebräer 11,16

Diese Stadt ist die Mutterstadt aller Kinder Gottes. Sie ist die wahre Heimat der Gläubigen. Sie ist das Haus des Vaters in dem es viele Wohnstätten gibt. Paulus sagt uns:

Das himmlische Jerusalem aber ist frei, und dieses Jerusalem ist unsere Mutter.
Galater 4,2

Die Namen der Gläubigen stehen jetzt schon im Bürgerbuch dieser Stadt aufgeschrieben. Man erwartet sie dort. Sie sind dort bekannt. Sie sind offizielle und rechtmäßige Bürger des Neuen Jerusalem. Paulus sagt den Philippern:

Unser Bürgerrecht aber ist im Himmel; woher wir auch erwarten den Heiland, den Herrn Jesus Christus. Phil.3,20

Die Beschreibung der Stadt

Wenig Konkretes war bis etwa zum Jahr 90 nach Christus von dieser Stadt bekannt. Über ihre Form, über ihre Abmessungen, über ihre Baumaterialien und ihre Architektur wusste man bis dahin nichts. Doch Gott kennt unser unbändiges Verlangen, mehr über unsere zukünftige Heimat zu erfahren. Und er hat uns auf seine gnädige Weise zum Abschluss seines geschriebenen Wortes die fehlende Information geliefert. Und so haben wir dank Gottes Güte und Barmherzigkeit in den letzten zwei Kapiteln, als krönenden Abschluss der Bibel, die Beschreibung der Himmlischen Stadt – des Neuen Jerusalem. Es ist eine erstaunlich genaue Beschreibung, die viele Details, Maße, Materialbeschreibungen und konkrete Einzelheiten enthält, die faszinieren und verblüffen. Es sind 22 Verse, die sich ausschließlich mit der Beschreibung dieser Stadt befassen:

Nun trat einer von jenen sieben Engeln zu mir, die die sieben Schalen mit den sieben letzten Plagen ausgeschüttet hatten, und sagte: »Komm, ich will dir die Braut des Lammes zeigen, die Frau, die das Lamm sich erwählt hat.« [10] *Daraufhin nahm der Geist Gottes Besitz von mir, und ich sah mich vom Engel auf den Gipfel eines sehr hohen Berges versetzt. Von dort aus zeigte er mir Jerusalem, die heilige Stadt, die von Gott aus dem Himmel herabgekommen war. ¹¹ Gottes Herrlichkeit erfüllte die Stadt, sodass sie wie ein überaus kostbarer Edelstein leuchtete; sie funkelte wie ein Diamant. ¹² Die Stadt war von einer mächtigen, hohen Mauer umgeben und hatte zwölf Tore, an denen zwölf Engel Wache hielten und auf denen zwölf Namen standen – die Namen der zwölf Stämme Israels. ¹³ Drei Tore gingen nach Osten, drei nach Norden, drei nach Süden und drei nach Westen. ¹⁴ Das Fundament der Stadtmauer bestand aus zwölf Grundsteinen, auf denen ebenfalls zwölf Namen standen – die Namen der zwölf Apostel des Lammes.*

Der Engel, der mit mir gesprochen hatte, hatte einen goldenen Messstab in der Hand, der ihm dazu diente, die Stadt einschließlich ihrer Tore und ihrer Mauer zu vermessen. ¹⁶ Länge und Breite der Stadt waren gleich; sie war quadratisch angelegt. Nun vermaß der Engel die Stadt mit seinem Messstab: Sowohl in der Länge und in der Breite als auch in der Höhe waren es je zwölftausend Stadien. ¹⁷ Er maß auch die Höhe der Stadtmauer. Sie betrug, nach menschlichem Maß gerechnet – dem Maß, das der Engel verwendete –, hundertvierundvierzig Ellen.

Die Mauer war aus Diamanten gebaut, und die Stadt selbst bestand aus reinem Gold, das wie geschliffenes Kristall schimmerte und glänzte. ¹⁹ Verschiedenartigste kostbare Steine gaben auch dem Fundament der Mauer ein prachtvolles Aussehen. Der erste Grundstein war ein Diamant, der zweite ein Lapislazuli, der dritte ein Rubin, der vierte ein Smaragd, ²⁰ der fünfte ein Achat, der sechste ein

Karneol, der siebte ein Chrysolith, der achte ein Beryll, der neunte ein Topas, der zehnte ein Chrysopras, der elfte ein Saphir und der zwölfte ein Amethyst. [21] Die zwölf Stadttore bestanden aus zwölf Perlen; jedes Tor war aus einer einzigen Perle geformt. Und die breite Straße, die mitten durch die Stadt führte, war aus reinem Gold und durchscheinend wie Kristall.

Einen Tempel sah ich nicht in der Stadt. Der Herr selbst, der allmächtige Gott, ist ihr Tempel, er und das Lamm. [23] Auch sind weder Sonne noch Mond nötig, um der Stadt Licht zu geben. Sie wird von der Herrlichkeit Gottes erhellt; das Licht, das ihr leuchtet, ist das Lamm. [24] Die Völker werden in dem Licht leben, das von der Stadt ausgeht, und von überall auf der Erde werden die Könige kommen und ihren Reichtum in die Stadt bringen. [25] Die Tore der Stadt werden den ganzen Tag geöffnet sein; mehr noch: Weil es dort keine Nacht gibt, werden sie überhaupt nie geschlossen. [26] Die herrlichsten Schätze und Kostbarkeiten der Völker werden in die Stadt gebracht. [27] Aber etwas Unreines wird dort niemals Einlass finden. Wer Dinge tut, die Gott verabscheut, und sich in seinem Handeln von der Lüge leiten lässt, darf nicht hineingehen. Zutritt haben nur die, die im Lebensbuch des Lammes eingetragen sind.

Der Engel zeigte mir auch einen Strom, der wie Kristall glänzte; es war der Strom mit dem Wasser des Lebens. Er entspringt bei dem Thron Gottes und des Lammes [2] und fließt die breite Straße entlang, die mitten durch die Stadt führt. An beiden Ufern des Stroms wächst der Baum des Lebens. Zwölfmal im Jahr trägt er Früchte, sodass er jeden Monat

abgeerntet werden kann, und seine Blätter bringen den Völkern Heilung. 3 In dieser Stadt wird es nichts mehr geben, was unter dem Fluch Gottes steht. Der Thron Gottes und des Lammes wird in der Stadt sein, und alle ihre Bewohner werden Gott dienen und ihn anbeten. 4 Sie werden sein Angesicht sehen und werden seinen Namen auf ihrer Stirn tragen. 5 Es wird auch keine Nacht mehr geben, sodass man keine Beleuchtung mehr braucht. Nicht einmal das Sonnenlicht wird mehr nötig sein; denn Gott selbst, der Herr, wird ihr Licht sein. Und zusammen mit ihm werden sie für immer und ewig regieren.
Offenbarung 21,10 bis 22,5; NGÜ.

Form und Größe der Stadt

Der Engel benutzt ein menschliches Maß um die Stadt und ihre Mauer zu Vermessen.

Der Engel, der mit mir gesprochen hatte, hatte einen goldenen Messstab in der Hand, der ihm dazu diente, die Stadt einschließlich ihrer Tore und ihrer Mauer zu vermessen. 16 Länge und Breite der Stadt waren gleich; sie war quadratisch angelegt. Nun vermaß der Engel die Stadt mit seinem Messstab: Sowohl in der Länge und in der Breite als auch in der Höhe waren es je zwölftausend Stadien.

Die Form der Stadt ist viereckig, quadratisch. Ihre Länge und ihre Breite betragen jeweils 12.000 Stadien. Ein Stadion ist ein antikes griechisches Längenmaß, das ungefähr einer Länge von 192 Metern entspricht. Die Bezeichnung des Längenmaßes hat sich auf die Wettkampfanlage übertragen, also auf die Laufbahn und die längs davon angelegten Zuschauerwälle. So hat sich diese Namensgebung auch bis in unsere Zeit durchgesetzt. Wir verdanken die Bezeichnung unserer Sportarenen dem griechischen Stadion.

Wenn wir 12.000 Stadien in Kilometer umrechnen, dann kommen wir auf eine Länge und eine Breite von ca. 2.300 Kilometern. Das entspricht einer Grundfläche von gut 5 Millionen Quadratkilometern. Deutschland passt 15 Mal in diese Fläche hinein. Das Neue Jerusalem ist eine Stadt, die fast 15 Mal so groß ist wie Deutschland. Doch das ist noch nicht alles. Diese Stadt ist auch noch 2300 km hoch! Diese Ausmaße sind atemberaubend. Es wurde und wird viel spekuliert, ob die Form der Stadt nun einem Würfel entspricht oder einer Pyramide, usw. Doch wir müssen nicht spekulieren – die Bibel sagt uns was die Höhe der Stadt ausmacht. Denn diese Stadt hat auch noch einen weiteren Namen. Der Autor des Hebräerbriefes sagt uns was die Erklärung für die Höhe der Stadt ist:

> *Ihr hingegen seid zum **Berg Zion** gekommen, zur Stadt des lebendigen Gottes, zu dem Jerusalem, das im Himmel ist.*
> Hebräer 12,22

Schon das alte, heutige Jerusalem ist auf dem Berg Zion. Dieses Jerusalem ist nur ein Vorschatten des Himmlischen. Natürlich überragt dieser Berg alles, was wir uns heute an Höhe vorstellen können. Der himmlische Berg Zion ist ca. 2.300 Kilometer hoch. Doch wenn wir bedenken, dass Gott der Architekt und Baumeister dieser Stadt ist, dann muss uns das nicht wundern. Dieser Berg ist unvorstellbar schön. Er hat die Gestalt einer geschmückten Braut. Was für ein faszinierendes Bild gibt diese Stadt ab. Johannes sagt:

> *Ich sah die heilige Stadt, das neue Jerusalem, von Gott aus dem Himmel herabkommen, **schön wie eine Braut**, die sich für ihren Bräutigam geschmückt hat.*

Möglicherweise müssen wir uns diesen unvorstellbar hohen Berg als Lichtberg vorstellen. Als einen Lichtkegel, der die Stadt umhüllt und weit in den Weltraum hineinragt. Dieser Lichtberg hat die Gestalt einer wunderschönen, geschmückten Braut, die majestätisch strahlt und die ganze Erde mit ihrem bezaubernden Licht erleuchtet. So erhält die Höhe der Stadt eine andere, (ein)leuchtende Bedeutung. Für die Möglichkeit dieser Option sprechen zwei Tatsachen aus der Schilderung des Johannes. Erstens, erwähnt er die Höhe nicht, wenn er die Beschaffenheit der Stadt von innen beschreibt. Man hat den Eindruck, dass die Höhe innerhalb der Stadt keine Rolle mehr spielt, sondern, dass diese nur bei einer Betrachtung aus der Ferne ins Auge fällt. Zweitens, wird uns berichtet: *Die Völker werden in dem Licht leben, das von der Stadt ausgeht.* Dieser Hinweis deutet darauf hin, dass die (Licht)Höhe der Stadt wichtig ist, weil sie den Völkern, die die neue Erde bevölkern, als Lichtquelle dient.

Die Mauer der Stadt

Uns wird weiter berichtet, dass die Stadt von einer hohen Mauer umgeben ist. Die Mauer ist 144 Ellen hoch. Eine Elle ist eines der ältesten Längenmaße der Welt. Sie wird von der Länge des Unterarms abgeleitet und ist etwa 50 Zentimeter lang. In Meter umgerechnet, ist die Mauer der Stadt etwa 72 Meter hoch. Das ist zwar ungewöhnlich hoch für eine Stadtmauer, aber doch nichts, im Vergleich mit der Höhe der Stadt selbst! Auch die Tatsache, dass Johannes die Mauer als sehr hoch empfindet, scheint darauf hinzudeuten, dass es sich bei der Höhe der Stadt um eine Lichthöhe handelt.

Die Mauer legt die Grenzen der Stadt fest und macht deutlich, dass es Menschen gibt, die in der Stadt leben, und andere, die außerhalb der Stadt auf der Neuen Erde leben. Gleichzeitig ist die Mauer ein Schmuckstück, ein architektonisches Meisterwerk Gottes. Sie ist prachtvoll und wunderschön. Sie fasziniert den Apostel Johannes. Beim Lesen des Berichtes des Johannes hat man den Eindruck, dass der Apostel von der Mauer so sehr beeindruckt ist, dass er seinen Blick kaum von ihr abwenden kann. Er studiert sie lange und genau und liefert uns erstaunliche Details über ihre Konstruktion, ihr Design und die Beschaffenheit ihrer einzelnen Elemente. Das Baumaterial der Mauer ist Jaspis, die NGÜ sagt es ist Diamant:

> *Die Mauer war aus Diamanten gebaut, und die Stadt selbst bestand aus reinem Gold, das wie geschliffenes Kristall schimmerte und glänzte.* [19] *Verschiedenartigste kostbare Steine gaben auch dem Fundament der Mauer ein prachtvolles Aussehen. Der erste Grundstein war ein Diamant, der zweite ein Lapislazuli, der dritte ein Rubin, der vierte ein Smaragd,* [20] *der fünfte ein Achat, der sechste ein Karneol, der siebte ein Chrysolith, der achte ein Beryll, der neunte ein Topas, der zehnte ein Chrysopras, der elfte ein Saphir und der zwölfte ein Amethyst.* [21] *Die zwölf Stadttore bestanden aus zwölf Perlen; jedes Tor war aus einer einzigen Perle geformt. Und die breite Straße, die mitten durch die Stadt führte, war aus reinem Gold und durchscheinend wie Kristall.*

Eine Mauer, die insgesamt 9.200 km lang und 70 m hoch und aus reinem Diamant gebaut ist, sprengt unser Vorstellungsvermögen! Können wir uns die Schönheit und den Wert dieser Mauer vorstellen, ihren Glanz und ihr funkelndes, bezauberndes Leuchten?! Der untere Teil der Mauer besteht aus einem besonderen Element: zwölf Grundsteine (vermutlich zwölf aufeinanderliegende Reihen von Grundsteinen) gaben der Mauer ein noch markanteres und noch edleres Aussehen. Johannes war von diesen Grundsteinen so fasziniert, dass er uns jeden dieser Steine beschreibt. Der Apostel sagt, dass die zwölf Grundsteine der Mauer zwölf verschiedene kostbare Steine waren *die dem Fundament der Mauer zusätzlich ein noch prachtvolleres Aussehen gaben.* Die Schönheit der Mauer und die wertvollen Materialien der Grundsteine, waren seit jeher Gottes Plan für diese Stadt. Bereits dem Propheten Jesaja enthüllte der Herr sein Vorhaben: *ich will deine Mauern auf Edelsteine stellen und will deinen Grund mit Saphiren legen und deine Zinnen aus Kristallen machen und deine Tore von Rubinen und alle deine Grenzen von erlesenen Steinen* (Jesaja 54,11-12).

Die Grundsteine sind aber auch noch wegen ihrer Inschriften so bemerkenswert. Auf jedem dieser Grundsteine stehen Namen eingraviert, *Das Fundament der Stadtmauer bestand aus zwölf Grundsteinen, auf denen... zwölf Namen standen – die Namen der zwölf Apostel des Lammes.* Auf dem einen stand der Name „Petrus", auf dem anderen „Johannes", dann „Jakobus", „Thomas", „Matthäus", „Andreas", ... Vielleich können wir jetzt besser verstehen, warum Johannes so sehr von den Grundsteinen der Mauer fasziniert war. Er stand davor und stellte fest, dass auf einem von diesen prachtvollen Steinen sein eigener Name stand! Hätten sich die zwölf unbedeutenden, schlichten Fischer aus Galiläa jemals träumen lassen können, dass ihnen von ihrem Herrn eine solche Ehre widerfährt – dass ihre Namen von den Grundsteinen der Mauer des Neuen Jerusalem strahlen werden, eingraviert für die Ewigkeit!

Natürlich vermitteln diese eingravierten Namen eine Botschaft, die wir verstehen müssen und können. Die Gemeinde ist *erbaut auf den Grund der Apostel und Propheten, da Jesus Christus der Eckstein ist* (Epheser 2,20).

Die Lehre der Apostel, war, ist und bleibt die Grundlage der Lehre und Praxis der neutestamentlichen Gemeinde Gottes. Wer die Lehre der Apostel verlässt, der baut auf einem falschen Fundament und wird diese Stadt nicht betreten dürfen. Die symbolische Botschaft lautet auch: Treue in der Nachfolge und hingegebener Dienst für den Herrn lohnen sich und werden reich belohnt werden. Jeder erhält im Himmel einen Lohn für seinen Einsatz für Jesus Christus und seine Gemeinde. Unser Leben auf dieser Erde hat deshalb Ewigkeitsbedeutung. Wir formen und gestalten unsere Ewigkeit hier und jetzt jeden Tag aktiv mit.

Die Stadttore

Die Stadt war von einer mächtigen, hohen Mauer umgeben und hatte zwölf Tore, an denen zwölf Engel Wache hielten und auf denen zwölf Namen standen – die Namen der zwölf Stämme Israels. ¹³ Drei Tore gingen nach Osten, drei nach Norden, drei nach Süden und drei nach Westen. .... . ²¹ Die zwölf Stadttore bestanden aus zwölf Perlen; jedes Tor war aus einer einzigen Perle geformt.

In das Neue Jerusalem hinein kommt man durch eines der zwölf Tore. Auf jedem dieser Tore steht ein Engel - nicht um die Stadt zu bewachen, sondern um die Menschen willkommen zu heißen. Die Tore stehen immer offen - sie werden niemals geschlossen. Jedes Tor hat einen Namen, der auf ihm eingraviert ist. Es sind die Namen der zwölf Stämme Israels. Alles in dieser Stadt hat Sinn und Bedeutung. Das eine Tor heißt „Rubens Tor", die anderen „Judas Tor", „Benjamins Tor", „Levis Tor" usw. Die Namen der Tore stehen für Israel und Gottes unerschütterliche Treue seinen Glaubens- und Gründungvätern gegenüber: Abraham, Isaak und Jakob. Man darf vermuten, dass die Namen der Apostel auf den

Grundsteinen der Mauer und die Namen der 12 Stämme Israels auf den Toren auch gleichzeitig anzeigen wer die Bewohner dieser Stadt sind – nämlich die Alttestamentliche und die Neutestamentliche Gemeinden Gottes.

Die Schönheit dieser Tore ist überwältigend: *Die zwölf Stadttore bestanden aus zwölf Perlen; jedes Tor war aus einer einzigen Perle geformt.* Diese Tore haben die Gläubigen von jeher fasziniert. Viele Lieder werden über diese Tore gesungen. In einem Lied heißt es:

> *Ich sehe einst das Perlentor, es strahlt so hell und klar,*
> *ich sehe einst das wunderschöne Heim!*
> *Ich sehe einst den Weißen Thron und auch die*
> *Engelschaar, der erste den ich seh' soll Jesus sein."*

Jedes Tor ist aus einer einzigen Perle gearbeitet. Die Maße der Tore werden uns nicht genannt, aber wir können vermuten, dass es keine winzigen Nadelöhre sein werden. Es werden grandiose, mächtige, hoch emporstrebende Tore sein. Aber wie unvorstellbar ist eine Perle mit diesen Ausmaßen! Der Wert einer solchen Perle übersteigt jedes diesseitige Vorstellungsvermögen.

Die Leuchtende Schönheit der Stadt

> *Gottes Herrlichkeit erfüllte die Stadt, sodass sie wie ein überaus kostbarer Edelstein leuchtete; sie funkelte wie ein Diamant... Die Mauer war aus Diamanten gebaut, und die Stadt selbst bestand aus reinem Gold, das wie geschliffenes Kristall schimmerte und glänzte.* [19] *Verschiedenartigste kostbare Steine gaben auch dem Fundament der Mauer ein prachtvolles Aussehen...* [21] *Die zwölf Stadttore bestanden aus zwölf Perlen; jedes Tor war aus einer einzigen Perle geformt. Und die*

breite Straße, die mitten durch die Stadt führte, war aus reinem Gold und durchscheinend wie Kristall.

Diese Stadt ist unbeschreiblich schön. Sie besitzt die Herrlichkeit Gottes und die Schönheit einer geschmückten Braut. Sie leuchtet und funkelt wie ein kostbarer Edelstein. Sie glänzt und schimmert voller Gold, Edelsteine und Diamanten. Vermutlich unterscheiden sich die edlen Baumaterialien des Neuen Jerusalem und der Neuen Erde von denen, die wir heute kennen, gravierend.

Und doch haben sie eine Ähnlichkeit mit denen, unserer alten Welt. Denn Johannes kann sie erkennen und einordnen. Doch ist es eher so, wie man von einem Foto auf eine Person selbst schließen kann, oder von einer Zeichnung auf das fertige Produkt. Originale sind eben im Himmel und nur deren Abbildungen und Schatten auf Erden. Von der Neuen Erde wird uns gesagt, dass sie bleibt, dass sie „vor Gott bestand hat!" Das wird von der alten Erde an keiner Stelle behauptet. Im Gegenteil, sie ist vergänglich und vorläufig. Entsprechend verhält es sich dann auch mit den Elementen der beiden Welten. Die einen sind vergänglich, hohl und zerstörbar, die anderen unvergänglich, massiv und unzerstörbar. Laut aktuellem Wissenschaftsstand bestehen die Atome der Elemente aus elektrisch geladenen Teilchen (Elektronen), die um den Atomkern kreisen, der wiederum aus Neutronen und Protonen besteht. Sehr anschaulich erklärt Dieter Hanning in einem Aufsatz diese Zusammenhänge:

> *„Das Atom besteht aus einem Atomkern und einer Elektronenhülle. Die Größe des Atomkerndurchmessers beträgt ca. 1:1000000000000 mm, das ist der millionste Teil von*

einem Millionstel Millimeter. Der Atomkern ist aus zwei verschiedenen Elementarteilchen aufgebaut, den positiv geladenen Protonen und den elektrisch neutralen Neutronen. Beide Elementarteilchen werden zusammen als Nukleonen (Kernteilchen) bezeichnet… Um den Atomkern herum bewegen sich auf bestimmten Bahnen die Elektronen. Die negativ geladenen Elektronen werden dabei vom positiv geladenen Atomkern angezogen. Die Geschwindigkeit der Elektronen ist dabei so groß, dass Kräftegleichgewicht zwischen der Fliehkraft nach außen und der nach innen gerichteten elektrischen Anziehungskraft besteht. Die Elektronenbahnen haben einen Durchmesser von ca. 1:10000000 mm, das ist ein zehnmillionenstel Millimeter. Der Durchmesser der Atomhülle ist also ca. 100.000 mal so groß wie der Radius des Atomkerns. Da man sich unter diesen Zahlen nur schwer etwas vorstellen kann, lassen sich die Größenverhältnisse innerhalb eines Atoms folgendermaßen veranschaulichen: Vergrößert man in Gedanken das Atom 1 billionenfach, so bekommt der Kern einen Durchmesser von 1mm. Um ihn würden sich die Elektronen in einer Kugel mit 100 m Halbmesser bewegen. Der ganze übrige Raum wäre leer. Würde man das Atom in Gedanken sogar so stark vergrößern, dass der Kern einen Durchmesser von 1 cm hätte, so würden sich die Elektronen in einem Abstand von 1 km um ihn herum bewegen."
www.dieter-hanning.de/pdf/ph-10-004.pdf

Der unvorstellbar große leere Raum zwischen Elektronen und Atomkern veranschaulicht die Tatsache, dass unsere Welt im Wesentlichen aus Nichts besteht! Auch hier folgt die Erkenntnis der Wissenschaft der biblischen Information, wenn auch Jahrhunderte verspätet.

Durch den Glauben erkennen wir, dass die Welt durch Gottes Wort geschaffen ist, sodass alles, was man sieht, aus nichts geworden ist. Hebr. 11,3

Es ist lediglich Energie, die die Elektronen in Bewegung hält und das Verschwinden der Materie verhindert. Doch wer liefert die Energie für die Bewegung der Elektronen? Paulus beantwortet diese Frage und sagt:

*„... es ist alles durch ihn (Christus) und zu ihm geschaffen. Und er ist vor allem, und **es besteht alles in ihm**"*
Kolosser1,16-17

Was geschieht aber, wenn Christus den Energiezufluss beendet und alle Elektronen aller Atome aller Materie der Welt auf ihren Atomkern herabfallen? Dann fällt unsere alte Welt in sich zusammen und löst sich im Nichts auf. Selbst ein wissenschaftlicher Laie kann sich so das Ende dieser Welt und die Vernichtung der alten Erde durchaus plastisch vorstellen. Sogar auf dieser uns zugänglichen und vertrauten wissenschaftlichen Ebene, fällt die Schattenhaftigkeit und Zerbrechlichkeit dieser vorläufigen Welt auf. Petrus beschreibt das Ende der alten Welt erstaunlich anschaulich und durchaus verständlich - auch für einen modernen Menschen:

„Es wird aber des Herrn Tag kommen wie ein Dieb; dann werden die Himmel zergehen mit großem Krachen; die Elemente aber werden vor Hitze

schmelzen, und die Erde und die Werke, die darauf sind, werden ihr Urteil finden."
2 Petrus 3,10

Im Gegensatz dazu ist die neue Welt Gottes fest und unzerbrechlich. Sie hat Substanz, ist permanent und ewig. Die Werkstoffe und Baumaterialien im Neuen Jerusalem haben einen anderen Glanz, als die im alten Jerusalem, weil sie von himmlischer Beschaffenheit und ewiger Qualität sind.

Die Stadt braucht weder Sonne, noch Mond um sie zu erleuchten. Das heißt nicht, dass es Sonne und Mond in der Neuen Schöpfung Gottes nicht gibt, doch die Sonne wird nicht als Lebens- und Lichtquelle gebraucht.

*Auch sind **weder Sonne noch Mond nötig**, um der Stadt Licht zu geben. Sie wird von der Herrlichkeit Gottes erhellt; das Licht, das ihr leuchtet, ist das Lamm. 24 Die Völker werden in dem Licht leben, das von der Stadt ausgeht, und von überall auf der Erde werden die Könige kommen und ihren Reichtum in die Stadt bringen.*

Mitten in der Stadt fließt ein mächtiger Fluss, der Strom des Lebens. Und an seinen Ufern wachsen die Bäume des Lebens.

Der Engel zeigte mir auch einen Strom, der wie Kristall glänzte; es war der Strom mit dem Wasser des Lebens. Er entspringt bei dem Thron Gottes und des Lammes 2 und fließt die breite Straße entlang, die mitten durch die Stadt führt. An beiden Ufern des Stroms wächst der Baum des Lebens. Zwölfmal im Jahr trägt er Früchte, sodass er jeden Monat abgeerntet werden kann, und seine Blätter bringen den Völkern Heilung.

Jesus sagte uns über diese Stadt folgendes:
»*Lasst euch durch nichts in eurem Glauben erschüttern!*«*, sagte Jesus zu seinen Jüngern.* »*Vertraut auf Gott und vertraut auf mich!* ² *Im Haus meines Vaters gibt es viele Wohnungen. Wenn es nicht so wäre, hätte ich dann etwa zu euch gesagt, dass ich dorthin gehe, um einen Platz für euch vorzubereiten?* ³ *Und wenn ich einen Platz für euch vorbereitet habe, werde ich wieder kommen und euch zu mir holen, damit auch ihr dort seid, wo ich bin.*
Johannes 14,1-3; NGÜ

7

Der Leib im Himmel

Leiblichkeit ist ein unabdingbares Wesensmerkmal des Menschseins. Der Mensch ist als leibliches Wesen von Gott geschaffen worden und diese Tatsache wird sich niemals ändern. Ob in dieser Welt, oder in der zukünftigen - Menschen werden immer eine Geist-Seele-Leib-Einheit bleiben. Die Trennung zwischen Geist und Leib bezeichnet die Bibel als Zustand des Todes. Weil wir aber im Himmel nicht tot, sondern lebendiger denn je sein werden, werden wir in Gottes neuer Welt auch im Leibe leben.

Haben die verstorbenen Gläubigen jetzt einen Leib?

Was ist mit den Gläubigen, die bereits verstorben sind? In welcher Form oder in welchem Zustand sind sie zwischen ihrem Tod und der Auferstehung des Leibes? Diese Frage bewegt viele Menschen, die bereits einen ihrer Lieben zu Grabe tragen mussten. Wo ist jetzt mein Opa, mein Mann, meine Frau, ...? Ist der Verstorbene bis zur Auferstehung im Grab? Befindet er sich in einer Art Seelenschlaf oder in einem Zustand der Bewusstlosigkeit bis zum Tag der Auferstehung? Ist er als Seele bzw. Geist bei Gott im Himmel und wartet auf seinen Leib? Das sind Fragen, die jeden Christen bewegen und es ist gut und richtig, wenn wir in der Bibel nach Antworten darauf suchen. Die Bibel gibt uns zwar keine erschöpfenden Antworten auf diese Fragen, aber sie liefert uns hilfreiche Anhaltspunkte und deutliche Hinweise, die es uns möglich machen zu einer Antwort zu gelangen. Um die Antwort vorweg zu nehmen: Alle Indizien weisen darauf hin, dass der gerettete Mensch zu keinem Zeitpunkt ohne Leib bleiben muss, sondern immer in einem Körper lebt und leben wird.

Zunächst einmal muss mit der Vorstellung vom Seelenschlaf aufgeräumt werden. Die Bibel lehrt an keiner Stelle, dass der Mensch nach seinem leiblichen Tod bis zur Auferstehung in einem Zustand der Bewusstlosigkeit oder einer Art „Seelenschlaf" verharrt. Die Schrift verwendet zwar den Ausdruck „entschlafen" für das Sterben, jedoch ist damit nicht der Todesschlaf der Seele oder des Geistes gemeint. Beim Sterben „entschläft" der Leib. Diese Todesdefinition birgt die christliche Auferstehungshoffnung in sich: Wer schläft, der wird auch wieder wach werden. Der „Schlaf" des Leibes ist tatsächlich zeitlich befristet. Es kommt der Tag, da *„wird Gott auch die, die entschlafen sind, durch Jesus mit ihm einherführen"* (1 Thessalonicher 4,14).

Die Seele, der Geist – die Person eines gläubigen Menschen selbst, geht im Moment des Todes zu Gott. Die biblischen Zeugnisse, Berichte und Lehre, lassen keine andere Schlussfolgerung zu. In der Stunde des Todes sagte Jesus dem bußfertigen Verbrecher am Kreuz neben ihm: *„Wahrlich, ich sage dir: Heute wirst du mit mir im Paradies sein"* (Lukas 23,43). Paulus ist angesichts des Todes getröstet, er hat sogar *„Lust den Leib zu verlassen"*, und zwar nicht um in einen Todesschlaf zu versinken, sondern weil er weiß, dass das Verlassen des Leibes für den Christen bedeutet: *„Daheim zu sein bei dem Herrn"* (2 Korinther 5,8).

Den Philippern schreibt Paulus, dass er Lust hat, aus der Welt zu scheiden. Der Grund dafür ist nicht die Grabesruhe oder der Todesschlaf bis zur Auferstehung. Wenn das die Realität wäre, dann würde der Apostel bereits seit fast 2000 Jahren „schlafen". Dazu hatte der rastlose, lebensfrohe

Apostel ganz sicher keine Lust gehabt. Er war mit Leib und Seele Diener des Evangeliums und Apostel Jesu Christi. Er wägt vielmehr zwischen zwei Freuden ab, von denen die eine groß und die andere noch größer ist: Zwischen seinem Aposteldienst auf dieser Erde und seiner unmittelbaren Anwesenheit bei Christus.

> *Denn Christus ist mein Leben, und Sterben ist mein Gewinn.* [22] *Wenn ich aber weiterleben soll im Fleisch, so dient mir das dazu, mehr Frucht zu schaffen; und so weiß ich nicht, was ich wählen soll.* [23] *Denn es setzt mir beides hart zu: ich habe Lust, aus der Welt zu scheiden und bei Christus zu sein, was auch viel besser wäre;* [24] *aber es ist nötiger, im Fleisch zu bleiben, um euretwillen.*
> Philipper 1,21-24

Aus der Welt zu scheiden, bedeutet also für einen Christen sofort und unmittelbar bei Christus zu sein und das ist „viel besser" als hier zu bleiben. Deshalb ist das Sterben für einen Christen auch immer Gewinn. Auch den Thessalonichern bestätigt Paulus die simultane Ankunft beim Herrn im Augenblick des Todes:

> *Denn Gott hat uns nicht bestimmt zum Zorn, sondern dazu, das Heil zu erlangen durch unsern Herrn Jesus Christus,* [10] *der für uns gestorben ist, damit, ob wir wachen oder schlafen, wir zugleich mit ihm leben.*
> 1 Thessalonicher 5,9-10

Ob wir in diesem Leibe „wachen" oder „schlafen", wir leben in beiden Fällen gleichzeitig mit Christus. Was „schläft", ist lediglich der sterbliche Leib. Wer als gläubiger Mensch den

Leib verlässt, der ist im nächsten Augenblick also zuhause bei seinem Herrn.

Die nächste Frage, die uns beschäftigt ist diese: Ist nach dem Sterben nur die „nackte" Seele bei Gott, oder hat der daheim angekommene Christ in seiner himmlischen Heimat sofort einen neuen Leib?

Die Heilige Schrift schildert uns die im Himmel angekommenen Menschen nie körperlos. Selbst Menschen in der Hölle besitzen offensichtlich jetzt schon einen Körper. Im Lukasevangelium erzählt Jesus die Geschichte vom reichen Mann und vom armen Lazarus. Beide sterben und finden sich in verschiedenen jenseitigen Welten wieder. Lazarus im Himmel, als „Abrahams Schoß" umschrieben, und der reiche Mann in der Hölle. Dort leidet er Qualen und wünscht sich, Lazarus würde *„die Spitze seines Fingers"* ins Wasser tauchen und ihm die Zunge kühlen (Lukas 16,24). Wer Finger bzw. eine Zunge hat, der besitzt offensichtlich einen Leib. Dabei ist zu bedenken, dass die Auferstehung des Leibes noch nicht stattgefunden hat. Die verstorbenen irdischen Körper der beiden Männer ruhen während der von Jesus geschilderten Szene in ihren Gräbern. Diese Tatsache lässt nur eine Schlussfolgerung zu: Verstorbene Menschen besitzen zwischen Tod und Auferstehung einen Leib, der möglicherweise ein „Zwischenleib" bzw. ein „Vorauferstehungsleib" ist.

Es gibt also offensichtlich kein „nacktes" Seelendasein für den Menschen. Zu keinem Zeitpunkt. Nicht einmal in der Hölle. Der Gedanke an das „Entkleidetsein" ist für den Menschen beängstigend und unangenehm. Paulus wusste davon und tritt dieser Angst entschieden entgegen durch eine apostolische Klarstellung der Fakten.

Denn wir wissen: wenn unser irdisches Haus, diese Hütte, abgebrochen wird, so haben wir einen Bau, von Gott erbaut, ein Haus, nicht mit Händen gemacht, das ewig ist im Himmel. 2 Denn darum seufzen wir auch und sehnen uns danach, dass wir mit unserer Behausung, die vom Himmel ist, überkleidet werden, 3 weil wir dann bekleidet und nicht nackt befunden werden. 4 Denn solange wir in dieser Hütte sind, seufzen wir und sind beschwert, weil wir lieber nicht entkleidet, sondern überkleidet werden wollen, damit das Sterbliche verschlungen werde von dem Leben. 5 Der uns aber dazu bereitet hat, das ist Gott, der uns als Unterpfand den Geist gegeben hat.
2 Korinther 5,1-5

Dass Paulus mit dem irdischen Zelt den sterblichen Leib meint, wird aus dem Kontext klar. Mit dem Abbruch des Zeltes ist der leibliche Tod gemeint. Wenn dieser Eintritt, dann bleibt der Christ nicht ohne „Behausung", nein, dann erwartet ihn ein „Haus" im Himmel – sprich, ein neuer Leib von Gott, der ewig ist. Mit diesem Haus sind nicht die „Wohnungen" gemeint, von denen Jesus im Johannesevangelium (14,2) gesprochen hat, die er seinen Nachfolgern im Hause des Vaters vorbereitet. In Paulus' bildlicher Darstellung der Fakten ist das Haus - der Körper des Christen. Der Zeitpunkt, wann wir unser neues „Haus" im Himmel beziehen werden, fällt mit dem Zeitpunkt des Abbruchs des irdischen Zeltes zusammen. Paulus kennt die Angst vor der „Nacktheit", dem Zustand ohne Leib, und er versichert seinen Lesern, dass: *Weil wir dann bekleidet und nicht nackt befunden werden.* Es wird kein „Nacktsein" geben. Unser Wunsch ist es nicht „entkleidet" sondern „überkleidet" zu werden, *damit so das Sterbliche vom Leben verschlungen werde.* Gott kennt diesen unseren Wunsch und er kommt uns entgegen, denn gerade dazu hat er uns *bereitet*. Gott hat für uns den Übergang aus dieser in die jenseitige Welt genau so geplant, wie wir uns das im tiefsten Inneren wünschen: wir verlassen den alten Leib und schon während wir ihn „ausziehen", hält Gott uns einen neuen Leib hin und wir werden von ihm überkleidet. Wir schlüpfen aus einem Kleid ins andere ohne zwischendurch „Nacktheit" zu erleben. Wir erleben wie das Sterbliche vom Leben verschlungen wird, ohne wirklich zu sterben. Hatte nicht Jesus genau dieses versprochen, als er sagte:

> *Ich bin die Auferstehung und das Leben. Wer an mich glaubt, der wird leben, auch wenn er stirbt; und wer da lebt und glaubt an mich, der wird nimmermehr sterben.*
> Johannes 11,25-26, ELB

Die Garantie dafür ist der Heilige Geist, der uns als Anzahlung oder Pfand gegeben ist. Gott verbürgt sich mit seinem Geist, den er in unserem Leib wohnen lässt, dafür, dass dieser Prozess reibungslos, perfekt und zu 100 Prozent sicher ablaufen wird.

Weitere Beispiele

Zwei weitere Zeugnisse der Heiligen Schrift sollen an dieser Stelle erwähnt werden. Das erste stammt aus der Diskussion des Herrn Jesus mit den Sadduzäern. Die glaubten bekanntlich nicht an die Auferstehung und forderten Jesus mit ihrem (vermutlich) konstruierten Beispiel heraus, ein irdisches Rätsel im Licht der Auferstehung zu lösen: wem gehört eine Frau im Himmel, die auf Erden mit sieben Männern nacheinander verheiratet war? Am Ende der Diskussion macht Jesus diesen Theologen den schwerwiegendsten Vorwurf, den man einem Bibelforscher überhaupt machen kann: *Ihr irrt, weil ihr weder die Schrift kennt, noch die Kraft Gottes.* (Matthäus 22,29) Und dann führt der Herr ein erstaunlich schlichtes und verblüffend logisches Argument zur Begründung der Auferstehung an. Es ist einer der prominentesten Namen Gottes, der die Garantie der Auferstehung in sich trägt. Der Schöpfer der Welt nennt sich auch der „Gott Abrahams, Isaaks und Jakobs". Gott, so erläutert Jesus den Sadduzäern, würde sich niemals mit Namen von Toten schmücken. Denn *Gott ist nicht ein Gott der Toten, sondern der Lebenden* (Matthäus 22,32). Wenn Gott die Namen dieser Männer trägt, dann müssen sie leben. Weil sie tatsächlich leben, gibt es die Auferstehung der Toten. Weil sie bereits jetzt schon leben, leben sie jetzt schon im Auferstehungsleben, lange vor der noch ausstehenden Auferstehung ihrer längst verstorbenen und verwesten irdischen Leiber.

Diese verblüffenden Argumente bestätigen die oben aufgeführten Ausführungen des Paulus. Es gibt im Himmel keine „Nacktheit" oder Leiblosigkeit. Die hier verstorbenen Gläubigen haben dort einen neuen Auferstehungsleib, auch wenn dieser vermutlich zunächst ein vorläufiger, bzw. noch nicht vollendeter ist. Der endgültige Auferstehungsleib wird erst bei dem Termin der Entrückung der Gemeinde allen Gläubigen gleichzeitig verliehen werden. In der Zwischenzeit müssen die himmlischen Bewohner also einen „Zwischenleib" besitzen.

Ein weiteres eindrückliches Beispiel ist Mose. Mose starb im Alter von 120 Jahren auf dem Berg Nebo und wurde im Lande Moab, gegenüber Bet-Peor von dem Herrn selbst begraben (Deuteronomium 34,6). Jahrhunderte später treffen wir Mose wieder - auf dem Verklärungsberg. Dort findet ein

Treffen zwischen Jesus, Mose und Elia statt, bei dem auch Petrus, Jakobus und Johannes anwesend sind. Die zwei Propheten erscheinen genau so leibhaftig wie Jesus und können an ihrem Äußeren erkannt werden. Laut Lukas besprechen sie mit Jesus ein spezielles Thema:

Diese erschienen in Herrlichkeit und besprachen seinen Ausgang, den er in Jerusalem erfüllen sollte.
Lukas 9,31, ELB

Mit „Ausgang" sind hier vermutlich der Tod und die Auferstehung des Herrn gemeint. Bei dieser einzigartigen Gipfelkonferenz erscheinen Mose und Elia in Herrlichkeit. Die Herrlichkeit ist an ihrem Leibe sichtbar und beeindruckt die anwesenden Jünger. Auch dieses Treffen auf dem Verklärungsberg liefert dem Bibelleser einen eindrucksvollen Beleg dafür, dass verstorbene Gläubige im Himmel lebendiger sind denn je und einen neuen Leib der Herrlichkeit noch vor der Auferstehung der Gerechten besitzen. An diesem Leib sind sie als Individuen und Personen der Geschichte klar zu erkennen. Dieser Leib trägt die unverwechselbaren Züge ihrer Persönlichkeit.

Die Auferstehung des Leibes

Doch noch ist die Geschichte des Leibes nicht zu Ende geschrieben. Fortsetzung folgt. Der jetzige herrliche, himmlische Leib der Gläubigen im Himmel ist vorläufig. Sie warten noch auf ihren endgültigen Auferstehungsleib. Und erst mit der Auferstehung des Leibes werden sie vollendet sein.

Der erste Termin, bei dem das „irdische Zelt" des Christen abgebrochen und er mit einer himmlischen

Behausung „überkleidet wird", ist ein individueller Termin. Es ist der Termin des persönlichen Sterbens. Demgegenüber ist der zweite Termin ein gemeinschaftlicher für alle Gläubigen. Es ist der Termin der Vollendung der Gläubigen durch die Auferstehung des Leibes. Dieser Termin fällt zusammen mit dem Moment der Entrückung der Gemeinde. Paulus erläutert den Ablauf im 1. Korintherbrief:

> *Siehe, ich sage euch ein Geheimnis: Wir werden nicht alle entschlafen, wir werden aber alle verwandelt werden, in einem Nu, in einem Augenblick, bei der letzten Posaune; denn posaunen wird es, und die Toten werden auferweckt werden, unvergänglich sein, und wir werden verwandelt werden. Denn dieses Vergängliche muss Unvergänglichkeit anziehen und dieses Sterbliche Unsterblichkeit anziehen.*
> 1 Korinther 15,51-53; ELB

Aus diesen Sätzen des Apostels geht eindeutig hervor, dass es sich bei der Auferstehung und Entrückung um einen gemeinschaftlichen Termin handelt. Bei diesem Ereignis geht es um die gleichzeitige Verwandlung aller Gläubigen, die bis dahin gelebt haben. Sowohl die im Leibe verstorbenen als auch die zu dem Zeitpunkt noch im sterblichen Leibe lebenden Gläubigen werden diese endgültige Verwandlung gemeinsam erleben. Diese Vollendung wird in einem einzigen Augenblick geschehen, es wird kein langer Prozess sein, und zwar wenn das Signal der „letzten Posaune" ertönt.

Paulus sagt uns auch was der Zweck dieser Verwandlung ist: *dieses Vergängliche muss Unvergänglichkeit anziehen und dieses Sterbliche Unsterblichkeit anziehen.* Dieses Vergängliche und dieses Sterbliche ist nichts anderes als unser irdischer Leib, das zerbrechliche Zelt, das wir beim Sterben ablegen. Der Leib wird nach dem Tod des Christen in ein Grab gelegt und damit ist seine Geschichte scheinbar zu ende. Scheinbar! Doch der Schein trügt. Denn dieser Leib „schläft" nur. Eines Tages wird er wach werden. Er muss wach werden, denn *dieses Vergängliche muss Unvergänglichkeit anziehen und dieses Sterbliche Unsterblichkeit anziehen.*

Dieses Muss ist ein göttliches Muss. Die Auferstehung des Leibes ist deshalb unvermeidlich und unumgänglich. Der Tod ist ein Feind. Ein Feind Gottes und ein Feind des Menschen. Dieser Feind hat sich als Folge des Sündenfalls eingeschlichen und dem Menschen an die Ferse geheftet. Der Tod ist der stärkste und schlimmste Feind für den Menschen. Doch Christus ist der Sieger. Er hat am Kreuz von Golgatha über die feindlichen Mächte triumphiert und am Auferstehungsmorgen seinen Sieg eindrucksvoll demonstriert. Nun ist er hoch erhaben auf dem Thron und *„muss herrschen, bis Gott ihm alle Feinde unter seine Füße legt."* (1 Korinther 15,25) Doch bei der Beseitigung der Feinde gibt es eine Reihenfolge: zuerst die Sünde, dann die Mächte der Finsternis und zum Schluss der Tod: *„der letzte Feind, der vernichtet wird, ist der Tod"* (1 Korinther 15,26) Als letztes stirbt der Tod. Das gilt sowohl für die persönliche wie auch für die universale Ebene.

Alle Feinde Gottes und seines Sohnes Jesus Christus müssen und werden vernichtet werden. Gäbe es keine Auferstehung, würde der Tod zumindest einen Teilsieg errungen haben. Er hätte den von Gott geschaffenen Leib für immer der Verwesung preisgegeben. Deshalb ist die Auferstehung des Leibes ein göttliches Muss. Der Tod wird auf der ganzen Linie vernichtend geschlagen werden. Keine einzige Bastion, kein einziges Schlupfloch wird diesem Feind überlassen werden. Sogar die Leiber der gottlosen Menschen werden aus ihren Gräbern am Tag der Auferstehung zum Gericht auferstehen, damit auch diese Menschen dann im Leibe vor Gott erscheinen. Jesus sagte diese beiden Auferstehungen, die zeitversetzt geschehen werden, voraus:

> *Wundert euch darüber nicht. Denn es kommt die Stunde, in der alle, die in den Gräbern sind, seine Stimme hören werden, und werden hervorgehen,*
> *die Gutes getan haben, zur Auferstehung des Lebens, die aber Böses getan haben, zur Auferstehung des Gerichts.*
> Johannes 5,28-29

Am Ende der Geschichte dieser Welt wird kein einziges Grab gefüllt bleiben – alle Gräber dieser Erde werden leer sein. Denn Christus muss und wird auf der ganzen Linie siegen. Wenn die Auferstehung der Leiber der Gerechten geschehen sein wird, wird der Tod vom Sieg verschlungen sein. Dann wird man sich umschauen und es vor Staunen kaum glauben können, dass dieser scheinbar übermächtige und unbesiegbare Feind verschwunden ist und dass all seine Schrecken eigentlich nur harmlose Stiche eines Schattenmonsters waren. Man wird jubelnd und staunend ausrufen: *Tod, wo ist dein Sieg? Tod, wo ist dein Stachel?* (1 Korinther 15,55). Weder Sieg noch Stachel, weder Schrecken noch Schmerz, weder Leiche noch Leid, weder Sarg noch Grab werden übrigbleiben. Es wird so sein, als hätte es den Tod nie gegeben.

Wie wird die Auferstehung geschehen und was bringt sie mit sich?

Die Auferstehung des Leibes ist eine Kraftwirkung Gottes. Es ist dieselbe Kraft, durch die Christus aus dem Grab zum Leben auferweckt und zum Herrn und König der Welt erhoben wurde (Epheser 1,19-22). Bei dem Termin der Auferstehung wird Christus rufen und die verwesten Körper werden seine Stimme hören und seinem Befehl gehorchen. Jesus hatte während seines Erdendaseins bereits seine Macht über den Tod demonstriert. Er befahl und der Tote kam zum Leben zurück. Er rief und Lazarus hörte und gehorchte seiner Stimme und kam aus dem Grab hervor. Doch die Auferweckungen jener und der apostolischen Zeit waren von einer anderen Qualität. Es waren keine Auferstehungen des Lebens, sondern Wiederbelebungen. Denn die Auferweckungen bedeuteten lediglich eine Lebensverlängerung im sterblichen Leib. Lazarus und die anderen „wiederbelebten" Auferstandenen mussten nach einigen Jahren wieder sterben. Dennoch waren es Demonstrationen der Macht Christi über den Tod und Hinweise bzw. Vorschattungen der kommenden Auferstehung des Lebens. Die erste und bisher einzige echte Auferstehung war die Auferstehung des Herrn Jesus Christus selbst. Er stand auf von den Toten in einem neuen, verwandelten, unsterblichen Leib, über den der Tod keine Macht mehr hat. Die Auferstehung Christi ist Garantie für die noch ausstehende Auferstehung der Leiber der Gläubigen:

> *Christus ist von den Toten auferstanden! Er ist der Erste, den Gott auferweckt hat, und seine Auferstehung gibt uns die Gewähr, dass auch die, die im Glauben an ihn gestorben sind, auferstehen werden.... Aber das geschieht nach der von Gott*

festgelegten Ordnung. Zuerst ist Christus auferstanden. Als nächstes werden, wenn er wiederkommt, die auferstehen, die zu ihm gehören.
1 Korinther 15,20.23; NGÜ

Wenn wir also eine Antwort auf die Frage suchen, wie die Auferstehung geschehen wird und was ihre Auswirkungen auf den Leib sein werden, dann müssen wir die Auferstehung des Herrn Jesus Christus unter die „Lupe" nehmen. Als erstes kann festgehalten werden, dass sein Grab sich öffnete und es allen offensichtlich wurde, dass es leer war. Die Veränderungen am und im Grab waren für alle sichtbar, auch für die Ungläubigen. Als nächstes muss festgehalten werden, dass sein Leib sichtbar, konkret und „anfassbar" war. Es war kein „Geisterleib" oder eine bloße „Lichtgestalt". Jesus traf sich während vierzig Tagen nach seiner Auferstehung mit seinen Jüngern, er redete mit ihnen, es ließ sich betasten, er aß und trank mit ihnen, er bereitete ihnen das Frühstück am See und lud sie zum Essen ein.

Doch es gab auch auffällige Unterschiede zwischen dem sterblichen Leib des Herrn und seinem Auferstehungsleib. Zum einen gab es wohl eine gewisse Veränderung in seiner Erscheinung, so dass seine Nachfolger ihn nicht immer sofort erkannten. Manchmal erkannten sie ihn erst auf den zweiten Blick, manchmal erst nachdem er ihnen zusicherte, dass er es tatsächlich war. Sein Gesicht und seine gesamte Erscheinung hatten sich offensichtlich verändert.

Die zweite auffällige Veränderung war die Fähigkeit seines Leibes zu erscheinen und zu verschwinden, durch geschlossene Türen hineinzukommen und hinauszugehen. Bei der Schilderung dieser Begegnungen in den Evangelien hat man den Eindruck, dass der Leib Christi nicht mehr den

Naturgesetzen unterworfen war, sondern dass die Naturgesetze seinem Leib und seinem Willen unterworfen waren. Dass er sie jederzeit außer Kraft setzten konnte. Man kann vermuten, dass Christus einen Großteil der Herrlichkeit seines Auferstehungsleibes vor seinen Jüngern bei diesen Erscheinungen verbarg, weil sie diese vermutlich nicht verkraftet hätten. Als letztes muss noch bemerkt werden, dass Christus in diesem konkreten, sichtbaren und „anfassbaren" Leib zum Himmel auffuhr und auch heute noch in diesem Leibe im Himmel als Menschensohn lebt und in diesem Leibe als Menschensohn wiederkommen wird. Paulus versichert uns, dass die Auferstehung und Verwandlung unseres Leibes nach dem gleichen Muster ablaufen wird.

> *Er wird unseren unvollkommenen Körper umwandeln und wird ihn seinem eigenen Körper gleichmachen, der Gottes Herrlichkeit widerspiegelt. Er hat die Macht dazu, genauso, wie er auch die Macht hat, das ganze Universum seiner Herrschaft zu unterstellen.*
> Philipper 3,21; NGÜ

Die ausführlichste Lehre über die Auferstehung und den Auferstehungsleib im Neuen Testament finden wir im 1. Korintherbrief, Kapitel 15. Paulus schildert in den Versen 35 bis 49 die wesentlichen Merkmale des Auferstehungsleibes.

> *»Aber«, wird mir jemand entgegenhalten, »wie soll die Auferstehung der Toten denn vor sich gehen? Mit was für einem Körper werden sie aus ihren Gräbern kommen?« 36 Wer so redet, weiß nicht, was er sagt! Wenn du Getreide aussäst, muss die Saat doch auch zuerst sterben, ehe neues Leben daraus entsteht. 37 Und was du säst – Weizen oder sonst eine Getreideart –, hat nicht das Aussehen der künftigen Pflanze; es sind*

Samenkörner und weiter nichts. ³⁸ Aber wenn der Samen dann aufgeht und zur Pflanze wird, bekommt er eine neue Gestalt – die Gestalt, die ihm von Gott bestimmt ist. Und aus jeder Samenart lässt Gott eine andere Pflanze entstehen. ³⁹ Bei den Lebewesen ist es genauso: Der menschliche Körper ist anders als der von Tieren, der Körper von Vögeln anders als der von Fischen. ⁴⁰ Außerdem gibt es nicht nur auf der Erde Körper; es gibt auch Körper am Himmel, und deren Schönheit ist von ganz anderer Art als die der irdischen Körper. ⁴¹ Bei den Himmelskörpern gibt es auch wieder Unterschiede: Das Leuchten der Sonne ist anders als das Leuchten des Mondes, das Mondlicht ist anders als der Glanz der Sterne, und selbst die Sterne unterscheiden sich in ihrer Leuchtkraft voneinander. ⁴² Entsprechend verhält es sich mit der Auferstehung der Toten. Der menschliche Körper ist wie ein Samenkorn, das in die Erde gelegt wird. Erst ist er vergänglich, aber wenn er dann auferweckt wird, ist er unvergänglich. ⁴³ Erst ist er unansehnlich, dann aber erfüllt von Gottes Herrlichkeit. Erst ist er schwach, dann voller Kraft. ⁴⁴ In die Erde gelegt wird ein irdischer Körper. Auferweckt wird ein Körper, der durch Gottes Geist erneuert ist. Genauso, wie es einen irdischen Körper gibt, gibt es auch einen durch Gottes Geist erneuerten Körper. ⁴⁵ Dasselbe zeigt ein Vergleich zwischen Adam und Christus. Unser jetziger Körper entspricht dem, den Adam, der erste Mensch, bekam, als Gott ihn – wie die Schrift sagt – zu einem »lebendigen Wesen« machte. Unser künftiger Körper hingegen entspricht dem, den Christus, der letzte Adam, bei seiner Auferstehung bekam – Christus, der uns durch seinen Geist lebendig macht. ⁴⁶ Aber wohlgemerkt: Nicht die durch Gottes Geist erneuerte

Ordnung ist zuerst da, sondern die irdische Ordnung; die andere kommt erst danach. ⁴⁷ Der erste Adam war aus dem Staub der Erde gemacht; der zweite Adam hat seinen Ursprung im Himmel. ⁴⁸ So, wie der irdische Adam beschaffen war, sind alle beschaffen, die zur Erde gehören; und so, wie der himmlische Adam beschaffen ist, werden alle beschaffen sein, die zum Himmel gehören. ⁴⁹ Genauso, wie wir jetzt das Abbild des irdischen Adams sind, werden wir einmal das Abbild des himmlischen Adams sein.
1 Korinther 15,35-49; NGÜ

Als erstes geht Paulus auf die Veränderung des Leibes in seiner Erscheinung und Beschaffenheit ein. Er sagt, dass der Auferstehung das Prinzip von Saat und Ernte zugrunde liegt. Der sterbliche Leib ist der Same aus dem dann der Auferstehungsleib hervorgeht. So wie sich jedes Saatkorn von der daraus erwachsenden Pflanze unterscheidet, so wird und muss sich auch der Auferstehungsleib vom sterblichen Leib unterscheiden. Und doch ist es wie bei Saat und Ernte: der neue Leib kommt aus dem alten hervor. Er trägt denselben „genetischen Fingerabdruck", man wird die Ähnlichkeit eindeutig erkennen können. Dabei wird aus dem irdischen Körper ein himmlischer hervorgehen. Mit himmlischem und für jeden Menschen ganz individuellem Glanz. Die gravierendsten Unterschiede zwischen dem irdischen Leib und dem himmlischen Auferstehungsleib, lassen sich laut Paulus mit drei Wesensmerkmalen beschreiben. **Erstens**, der irdische Leib ist vergänglich, sterblich, verweslich. Der himmlische ist unvergänglich, unverweslich, für den Tod unantastbar. **Zweitens**, der irdische Leib ist unansehnlich, von Niedrigkeit gekennzeichnet, armselig. Der Auferstehungsleib hingegen ist erfüllt von Gottes Herrlichkeit, voller Glanz und Schönheit. **Drittens**, der irdische Leib ist schwach und hinfällig. Der himmlische Leib andrerseits ist stark, voller Kraft und Energie, von Stärke gekennzeichnet. Der irdische Leib war Staub und Asche, war dem ersten Menschen, Adam, gleichgestaltet und trug seine Ähnlichkeit. Der Auferstehungsleib wird dem zweiten Adam, dem sündlosen und ewigen Menschen Jesus Christus gleichgestaltet sein und wird seine Ähnlichkeit tragen.

Vollendung

Der Auferstehungsleib wird vollkommen an das ewige Leben in Gottes Neuer Welt angepasst sein. Mit der Auferstehung des Leibes ist das Werk der Erlösung endgültig abgeschlossen. Gottes Erlösung ist ganzheitlich und allumfassend. Der Leib hat bei dem Herrn einen höheren Stellenwert als wir meinen. Auch der Leib, nicht nur Seele und Geist, hat eine ewige Zukunft.

Was bei der Auferstehung des Leibes mit dem vorläufigen „Zwischenleib" der bereits im Himmel lebenden Gläubigen geschieht, wissen wir nicht. Wir können nur mutmaßen. Bei der Gesamtbetrachtung des biblischen Kontextes entsteht der Eindruck, dass alle Gläubigen aller Zeiten bei der Auferstehung des Lebens gemeinsam die endgültige Vollendung erleben werden. Natürlich sind die heutigen Himmelsbewohner in ihrem Geist bereits vollendet. Aber könnte es sein, dass sie auch noch auf die Vollendung des Leibes warten?

Eine verlobte Braut kann bei einem Festessen mit ihrem Bräutigam ein wunderschönes Abendkleid anziehen, das alle bewundern. Und doch ist es noch nicht das Hochzeitskleid der Braut. Das wird sie erst am Tag ihrer Hochzeit anziehen und erst dann ist die Baut vollendet. So oder ähnlich könnten wir uns möglicherweise die Vollendung des Leibes der heutigen Himmelsbewohner bei der

Auferstehung vorstellen. Der Autor des Hebräerbriefes scheint diesen Gedanken zu unterstützen, zumindest wenn es um die Gläubigen des Alten Testamens geht. Doch möglicherweise gilt das, was er sagt, auch für die neutestamentlichen Gläubigen: *sie sollten nicht ohne uns vollendet werden* (Hebräer 11,40). Die Neue Genfer Übersetzung formuliert hier so: *Gott hat für unsere Zeit etwas vorgesehen, was besser ist als alles Frühere, und deshalb können sie erst zusammen mit uns die Vollkommenheit erreichen.*

8

Die Bevölkerung des Himmels

Wer wird den Himmel bevölkern? Wie vielfältig und wie zahlreich wird seine Bevölkerung sein? Wird es im Himmel Nationen und Ethnien geben? Und wer wohnt wo im Himmel? Solche und ähnliche Fragen stellen sich uns, wenn wir an den Himmel denken. Erstaunlicherweise finden wir in der Bibel zum Teil verblüffend klare Antworten auf diese Fragen.

Die Bewohner des Neuen Jerusalem

Bereits in Kapitel 4 haben wir bei der Betrachtung der Mauer und der Tore des Neuen Jerusalem folgende Schlussfolgerung gezogen: Man darf vermuten, dass die Namen der Apostel auf den Grundsteinen der Mauer und die Namen der 12 Stämme Israels auf den Perlentoren der Stadt, auch gleichzeitig anzeigen wer die Bewohner dieser Stadt sind – nämlich die alttestamentliche und die neutestamentliche Gemeinde Gottes.

Diese Annahme wird vom Autor des Hebräerbriefes bestätigt und präzisiert. Er zählt die Vorteile des neuen Bundes auf und die Vorzüge derer, die zum neuen Bund gehören, verglichen mit den Teilhabern des alten, mosaischen Bundes. Unter anderem werden in Kapitel 12 die Ankunfts- oder Zielorte der Gläubigen miteinander verglichen. Bei den Angehörigen des alten Bundes war dieses der irdische Berg Sinai. Im Kontrast dazu wird in den folgenden Versen der Zielort der Angehörigen des neuen Bundes beschrieben:

> *Sondern ihr seid gekommen zu dem Berg Zion und zu der Stadt des lebendigen Gottes, dem himmlischen Jerusalem, und zu den vielen tausend Engeln, und zu der Versammlung 23 und Gemeinde der Erstgeborenen, die im Himmel aufgeschrieben sind, und zu Gott, dem Richter über alle, und zu den Geistern der vollendeten Gerechten 24 und zu dem Mittler des neuen Bundes, Jesus, und zu dem Blut der Besprengung, das besser redet als Abels Blut.*
> Hebräer 12:22-24

Hier haben wir zunächst die drei Namen der Stadt: Berg Zion, Stadt des Lebendigen Gottes und Himmlisches Jerusalem. Als nächstes werden die Bewohner aufgezählt: die vielen tausend Engel, die Gemeinde der Erstgeborenen, Gott, die Geister der vollendeten Gerechten und schließlich Jesus, der Mittler des neuen Bundes.

Zu den Bewohnern dieser Stadt zählen die **vielen Tausend Engel** Gottes, die den Thron Gottes umgeben. Die heiligen Engel Gottes sind Gottes Dienstboten und bilden deshalb die enge Gefolgschaft ihres Schöpfers. Und dann wohnt dort die **Gemeinde der Erstgeborenen**. Das ist die neutestamentliche Gemeinde Jesu. Die Erstgeborenen hatten in biblischen Zeiten immer eine hervorgehobene Stellung. Ihnen gehörte ein doppeltes Erbe. Sie waren die Oberhäupter der Familien und der Sippen. Ihnen gehörten in den königlichen Familien der Thron und die Regierung. Wir lernen aus diesem Text, dass die Gemeinde der Christen aus Erstgeborenen besteht. Doch dort wo es Erstgeborene gibt, gibt es in der Regel auch Später-Geborene. Wer diese sind werden wir noch untersuchen müssen. Die Gemeinde, als Gemeinschaft der Erstgeborenen, besitzt bei Gott jedenfalls besondere Vorrechte und eine hervorgehobene Stellung.

Deshalb ist das Neue Jerusalem auch der Wohnsitz der Gemeinde. Und dann wohnt dort **Gott** selbst! Das ist das größte Wunder von allen. Gott selbst wohnt in der Mitte seiner Gemeinde. *„Und er, Gott, wird bei ihnen wohnen, und sie werden sein Volk sein und er selbst, Gott mit ihnen, wird ihr Gott sein"* (Offenbarung 21,3).

Ausserdem wohnen in der himmlischen Stadt noch die **Geister der vollendeten Gerechten**. Das ist ein seltsamer Ausdruck. Hier sehen einige Ausleger den Hinweis auf die Gläubigen des Alten Testamens. Andere wiederum zählen die alttestamentlichen Gläubigen mit zu der Gemeinde der Erstgeborenen. Der seltsame Ausdruck lässt sich nicht abschließend aufklären. Er könnte allerdings einen Hinweis dafür bilden, dass wer bereits jetzt schon in der Stadt angekommen ist, in seinem Geist zwar bereits vollendet ist, aber noch nicht in seinem Leib. Denn die Auferstehung des Leibes steht noch aus.

Und schließlich wohnt in dieser Stadt **der Mittler des neuen Bundes, Jesus**. Jesus ist Gott und Mensch zugleich. Er bleibt in alle Ewigkeit wahrer Mensch. Er ist der Menschensohn, der kommt um seine Gemeinde der Erstgeborenen in seine herrliche Stadt abzuholen und um mit ihr, seiner Braut, die Ewigkeit in dieser Stadt zu teilen. Nachdem wir geklärt haben wer in dem Neuen Jerusalem wohnt, stellen wir uns die Frage:

Wer wohnt außerhalb der Stadt, auf der Neuen Erde?

Wenn in der Stadt die Erstgeborenen leben, dann sollten außerhalb der Stadt die „Später- Geborenen", die „Nachzügler" wohnen. Doch wer sind diese „Später-

Geborenen"? Diese Frage wird uns in dem vorletzten Kapitel der Offenbarung beantwortet:

> **Die Völker** werden in dem Licht leben, das von der Stadt ausgeht, und von überall auf der Erde werden **die Könige kommen und ihren Reichtum in die Stadt bringen.** 25 Die Tore der Stadt werden den ganzen Tag geöffnet sein; mehr noch: Weil es dort keine Nacht gibt, werden sie überhaupt nie geschlossen. 26 **Die herrlichsten Schätze und Kostbarkeiten der Völker werden in die Stadt gebracht.**
> Offenbarung 21,24-26; NGÜ

Die Später-Geborenen sind die Völker des Millenniums, des Tausendjährigen Reiches. Diese Völker leben auf der Neuen Erde und bevölkern ihre weiten Flächen. Das griechische Wort „Ethne" wird in anderen Übersetzungen auch mit Nationen übersetzt. Es kommt in den letzten beiden Kapiteln der Offenbarung dreimal vor. Um die Herkunft der Völker besser zu begreifen müssen wir an dieser Stelle einen kurzen Exkurs in das Wesen und die Bedeutung des Millenniums machen.

EXKURS MILLENNIUM

Es entspricht der Gerechtigkeit und der Weisheit Gottes, dass diese Welt nicht im Wahnsinn der Gottlosigkeit endet, sondern, dass die Geschichte der Menschheit auf dieser Erde mit einer wunderbaren Zeit des Friedens, des Wohlstands und der Gotteserkenntnis unter der Regierung von Jesus Christus zu Ende geht. Dass diese Zeit kommen wird, haben fast alle Propheten im AT gesehen und vorausgesagt. Doch dass sie 1000 Jahre lang dauern wird, das hat Gott uns erst im letzten Buch der Bibel offenbart. Fünfmal werden in den ersten sechs Versen von Kapitel 20 der Offenbarung die 1000 Jahre als Zeitangabe genannt.

*Und ich sah einen Engel vom Himmel herabfahren, der hatte den Schlüssel zum Abgrund und eine große Kette in seiner Hand. 2 Und er ergriff den Drachen, die alte Schlange, das ist der Teufel und der Satan, und fesselte ihn für **tausend Jahre** 3 und warf ihn in den Abgrund und verschloss ihn und setzte ein Siegel oben darauf, damit er die Völker nicht mehr verführen sollte, bis vollendet würden die **tausend Jahre**. Danach muss er losgelassen werden eine kleine Zeit. 4 Und ich sah Throne und sie setzten sich darauf, und ihnen wurde das Gericht übergeben. Und ich sah die Seelen derer, die enthauptet waren um des Zeugnisses von Jesus und um des Wortes Gottes willen und die nicht angebetet hatten das Tier und sein Bild und die sein Zeichen nicht angenommen hatten an ihre Stirn und auf ihre Hand; diese wurden lebendig und regierten mit Christus **tausend Jahre**. 5 Die andern Toten aber wurden nicht wieder lebendig, bis die **tausend Jahre** vollendet wurden. Dies ist die erste Auferstehung. 6 Selig ist der und heilig, der teilhat an der ersten Auferstehung. Über diese hat der zweite Tod keine Macht; sondern sie werden Priester Gottes und Christi sein und mit ihm regieren **tausend Jahre**.*
Offenbarung 20,1-6

Jesus ist der Friedefürst. Wenn er regieren wird, wird es Frieden auf der ganzen Erde geben und es wird keine Armee, keine Waffen und keine Rüstungsindustrie mehr geben (Jesaja2,2-4). Im Tausendjährigen Friedensreich werden die Menschen sich eines langen Lebens und guter Gesundheit erfreuen. Wie zu Beginn der

Menschheitsgeschichte werden die Erdenbewohner wieder bis zu 900 Jahre alt und älter werden. Krankheiten werden ausgerottet sein und Krankenhäuser überflüssig werden. Beerdigungen werden eine Seltenheit sein. Es wird keine Kindersterblichkeit, keine Abtreibungen und keine Fehlgeburten mehr geben. Der Satan ist gebunden und Christus ist König der ganzen Welt. Es herrscht weltweites Christentum. Das Millennium dient dem großen und ewigen Fahrplan des Weisen Gottes. Wir können hier nur etwas erahnen und unsere vorläufigen Vermutungen anstellen. Und selbst dieser unscharfe Einblick in den Plan des Königs muss uns ins Staunen versetzen und in die Anbetung führen.

Es geht um ein ungeahntes Bevölkerungs-wachstum in diesen 1000 Jahren, das unglaublich faszinierend ist. Wir können folgende Wahrscheinlichkeitsrechnung vornehmen. Als Grundlage für diese Rechnung sollen uns die aktuellen Bevölkerungszahlen dienen. Die Weltbevölkerung verdoppelte sich im 20. Jahrhundert etwa alle 50 Jahre. Im Jahre 1927 lebten 2 Milliarden Menschen auf der Erde. Das Bevölkerungswachstum setzte sich dann entsprechend fort:

1960 – lebten 3 Milliarden Menschen auf der Erde

1974 – lebten 4 Milliarden Menschen auf der Erde

1987 – lebten 5 Milliarden Menschen auf der Erde

1999 – lebten 6 Milliarden Menschen auf der Erde

2012 – lebten 7 Milliarden Menschen auf der Erde

2025 – werden erwartungsgemäß 8 Milliarden Menschen auf der Erde leben

Nun wollen wir annehmen, dass am Anfang des Millenniums nur sehr wenige Menschen auf der Erde leben werden. Die überwiegende Mehrheit der Menschen, die heute leben, wird in den Katastrophen der Großen Trübsal (der sog. Apokalypse) umkommen. Nehmen wir einmal an, dass nur 1% der heutigen Weltbevölkerung überleben und in das Millennium hineinkommen wird. Das wären 70 Millionen Menschen, weniger, als Deutschland gegenwärtig Einwohner hat. Wir gehen dann davon aus, dass die Menschen sich am Anfang nur langsam vermehren werden. Nehmen wir an, dass die Weltbevölkerung sich in den Ersten 500 Jahren des Friedensreiches nur alle 100 Jahre verdoppeln wird. Und erst danach, wenn eine kritische Masse von 2 Milliarden Erdenbewohnern erreicht sein wird, sich die Millenniumsmenschheit alle 50 Jahre verdoppeln wird. Dann hätten wir folgende Entwicklung des Weltbevölkerungswachstums.

Im Jahre 0 – 70 Millionen Erdenbewohner

Im Jahre 100 – 140 Millionen Erdenbewohner

Im Jahre 200 – 280 Millionen Erdenbewohner

Im Jahre 300 – 560 Millionen Erdenbewohner

Im Jahre 400 – rund eine Milliarde Erdenbewohner

Im Jahre 500 – rund 2 Milliarden Erdenbewohner

Im Jahre 550 – rund 4 Milliarden Erdenbewohner

Im Jahre 600 – rund 8 Milliarden Erdenbewohner

Im Jahre 650 – rund 16 Milliarden Erdenbewohner

Im Jahre 700 – rund 32 Milliarden Erdenbewohner

Im Jahre 750 – rund 64 Milliarden Erdenbewohner

Im Jahre 800 – rund 128 Milliarden Erdenbewohner

Im Jahre 850 – rund 256 Milliarden Erdenbewohner

Im Jahre 900 – rund 512 Milliarden Erdenbewohner

Im Jahre 950 – rund 1.024 Milliarden Erdenbewohner oder rund eine Billion Menschen

Wir haben bei dieser Wahrscheinlichkeits-berechnung noch nicht berücksichtigt, dass die Menschen im Millennium bis zu 900 Jahre alt und möglicherweise noch älter werden können. Dass der Tod eine Seltenheit sein wird. Dass die Menschen vermutlich viel länger zeugungsfähig sein und große Familien haben werden. Dass es keine Abtreibungen, keine Fehlgeburten und keine Kindersterblichkeit geben wird. Also sind diese Schätzungen eher konservativ.

Wie werden diese vielen Menschen ernährt werden?

Unter den außergewöhnlich günstigen Voraussetzungen des Millenniums sollte diese Herausforderung mit Leichtigkeit zu meistern sein. Der Satan ist weg und der Fluch der Sünde ist zumindest teilweise aufgehoben. Christus regiert und die Menschen lernen vom ihm mit den Ressourcen der Erde verantwortlich zu haushalten. Wenn der Herr seinen Segen über diese Erde ausschütten und die Ernte vertausendfachen wird – dann werden alle satt werden und im Überfluss leben.

Haben so viele Menschen Platz auf der Erde?

Durchaus! Bei einer Bevölkerungsanzahl von rund 1000 Milliarden Menschen, wäre die Bevölkerungsdichte am Ende des Millenniums rund 6670 Menschen pro km² - das entspricht der heutigen Bevölkerungsdichte von Singapur. Die

Bevölkerungsdichte von Monaco ist heute bereits 2,5-mal höher. Sollte also die gesamte Erde gegen Ende des Tausendjährigen Reiches so dicht besiedelt sein wie heute bereits das Fürstentum Monaco, würden 2500 Milliarden oder 2,5 Billionen Menschen auf die Erde passen. Außerdem wird es in der Zeit möglicherweise kaum Sand- oder Eiswüsten geben. Der Herr wird vermutlich die komplette Erde in einen fruchtbaren und durchweg bewohnbaren Planeten verwandeln.

Das wirklich faszinierende an diesen Zahlen ist nicht das Ernährungswunder und auch nicht das Raumwunder auf der Erde im Millennium. Wirklich faszinierend ist Folgendes: Die überwiegende Mehrheit dieser Menschen wird gläubig sein. Die ganz große Mehrheit der möglicherweise über 1000 Milliarden Millenniumsmenschen werden Christen sein. Gerettete Menschen. Vermutlich 99% oder mehr. Denn eine kleine Minderheit wird sich am Ende der 1000 Jahre doch noch von Satan verführen lassen. Uns wird zwar berichtet, dass sich ein großes Heer zum Kampf gegen Jerusalem versammeln wird. Doch selbst eine Armee von 10 Milliarden Menschen würde nur 1% der Millenniumsbevölkerung ausmachen. Die überwältigende Mehrheit werden gerettete Christen sein. Diese Millenniumschristen werden unter wesentlich günstigeren Bedingungen gläubig werden, als die Vormillenniumschristen. Denn sie werden ja Christus gesehen und ihn gehört haben. Der Satan wird sie nicht verführen können. Sie werden sich gerne und schnell zu Christus bekehren. Die ganze Welt wird christlich sein, im besten Sinne des Wortes. Es wird keine anderen Religionen mehr geben. Möglicherweise sind diese erleichterten Glaubensbedingungen der Grund, warum die Völker des Millenniums nicht mehr zur Gemeinde der Erstgeborenen gehören, sondern die große Gruppe der „Später-Geborenen" bilden, die die neue Erde bevölkern und ihren Wohnsitz nicht in der Himmlischen Stadt haben werden. Gott liebt die Vielfalt. Er hat die Völker geschaffen und das für die Ewigkeit. Es wird offenkundig auch in der Neuen Welt Gottes die Völker geben: Die Deutschen und die Russen und die Ukrainer, und die Chinesen und die Japaner und die Araber, und die Libyer und die Letten und Esten und Polen und Tschechen und Engländer und Franzosen und Inder und Koreaner ... Eine unglaublich bunte Vielfalt an Leben spielt sich da in der ewigen Welt Gottes ab.

9
Wer tut was im Himmel?

Eines wird aus den biblischen Himmelsschilderungen sehr schnell klar: der Himmel hat nichts mit einer „seligen Untätigkeit", mit einem passiven „Herumschweben auf Wolken", mit einer Friedhofsruhe oder Zwangslethargie zu tun. Im Gegenteil. Gottes Neue Welt ist erfüllt von wahrem, authentischem, sprudelndem, ewigem Leben. Gott ist ein schöpferischer Gott, er wirkt und erschafft immer wieder Neues. Er hat den Menschen nach seinem Ebenbild geschaffen und auch ihm schöpferische Fähigkeiten, Kreativität und Freude an sinnvoller und gelingender Arbeit gegeben. Dieses Potential wird der erlöste Mensch in Gottes Neuer Welt in einer nie gekannten Vielfalt und Effektivität zum Einsatz bringen können. Dieses schöpferische Potential wird mit großer Wahrscheinlichkeit die ganze Ewigkeit hindurch wachsen und zunehmen.

Und eine weitere Tatsache wird durch die biblischen Himmelsschilderungen offensichtlich: es gibt in Gottes Neuer Welt keine gleichgeschalteten und gleichgestalteten Einheitsmenschen. Der Himmel ist nicht nach dem Muster des einheitsgrauen kommunistischen Paradieses für gleichgeformte Einheitsproletarier eingerichtet. Im Himmel zählen und gelten Individualität und Persönlichkeit. In Gottes Neuer Welt wird es deshalb eine große menschliche Vielfalt geben. Eine Vielfalt an Völkern und Ethnien, eine Vielfalt an Begabungen und Aufgaben, an Schönheit und Anmut, an Größe und Machtfülle, an Glanz und Ausstrahlung, an Kompetenzen und Autoritäten.

Was sind die Aufgaben der Gemeinde in Gottes Neuer Welt?

Darüber gibt das letzte Kapitel der Offenbarung Auskunft:

> In dieser Stadt wird es nichts mehr geben, was unter dem Fluch Gottes steht. Der Thron Gottes und des Lammes wird in der Stadt sein, und alle ihre Bewohner werden **Gott dienen und ihn anbeten.** 4 Sie werden **sein Angesicht sehen und werden seinen Namen auf ihrer Stirn tragen**. 5 Es wird auch keine Nacht mehr geben, sodass man keine Beleuchtung mehr braucht. Nicht einmal das Sonnenlicht wird mehr nötig sein; denn Gott selbst, der Herr, wird ihr Licht sein. Und zusammen mit ihm werden sie für immer und ewig **regieren**.
> Offenbarung 22,3-5; NGÜ

Die vorrangigste und wichtigste Tätigkeit der Gemeinde der Erstgeborenen in der Stadt Gottes wird es sein Gott zu dienen. Hier geht es nicht um Sklavendienst. Das griechische Wort *latreo*, das hier benutzt wird, wird sowohl mit „dienen" als auch mit „anbeten" übersetzt. Es geht hier sicher vorrangig um den Dienst der Anbetung. Diese Beschäftigung wird die Himmelsbewohner am allermeisten erfüllen und befriedigen. Denn sie werden dabei das Angesicht Gottes sehen. Außerdem werden sie *seinen Namen auf ihrer Stirn tragen*. Das Bild sagt nicht nur aus, dass die Bewohner der Stadt als Eigentum Gottes gekennzeichnet sein werden. Es bedeutet auch, dass sie als Gottes Repräsentanten mit seiner Vollmacht und Autorität ausgestattet sein werden. Das heißt, sie werden in seinem Namen auftreten und handeln können. Das wiederum versetzt sie in die Lage ihre weitere wichtige und ewige Tätigkeit auszuüben: Das Regieren. *"Und sie werden **regieren** von Ewigkeit zu Ewigkeit."*

Das mag uns erstaunen, aber dazu hat der Herr seine Gemeinde erwählt und berufen. Er sagt zu seiner treuen Gemeinde: *"Wer überwindet, dem will ich geben, mit mir auf meinem Thron zu sitzen..."* (Offenbarung 3,21). Seinen Jüngern sagte Jesus:

> *Ihr aber seid's, die ihr ausgeharrt habt bei mir in meinen Anfechtungen. ²⁹ Und ich will euch das Reich zueignen, wie mir's mein Vater zugeeignet hat, ³⁰ dass ihr essen und trinken sollt an meinem Tisch in meinem Reich und sitzen auf Thronen und richten die zwölf Stämme Israels.*
> Lukas 22,28

Paulus ermutigt seinen jungen Mitarbeiter Timotheus, Leiden nicht zu scheuen, denn, so sagt er: *"dulden wir, so werden wir mit herrschen."* In der Offenbarung heißt es in einem Lied, das die 24 Ältesten singen, unter anderem: ...du *"hast Menschen für Gott erkauft aus allen Stämmen und Sprachen und Völkern und Nationen und hast sie unserem Gott zu Königen und Priestern gemacht, und sie werden herrschen auf Erden"* (Offenbarung 5,9-10).

Mit-herrschen und mit-regieren ist die ewige Bestimmung der Gemeinde. Dass die Gemeinde, die die Stadt Gottes und den Thron der Herrlichkeit mit Christus teilt, auch mit ihm regieren wird, ist verständlich. Die Frage allerdings, wen sie regieren wird, wäre ohne das Millennium nicht zu beantworten. Doch das Tausendjährige Reich löst dieses Rätsel. Tausend Jahre Frieden unter dem König Jesus Christus, in der Abwesenheit Satans - das sind ideale Bedingungen sowohl für ein ungeahntes

Bevölkerungswachstum auf Erden, als auch dafür, dass diese Menschen in ihrer überwiegenden Mehrzahl gläubig und somit zu potentiellen Bewohnern der Neuen Erde werden. Wenn unsere Bevölkerungswachstumsprognosen für das Millennium aus dem letzten Kapitel stimmen, dann hätte die Gemeinde im Himmel die Aufgabe ein Völkermeer von möglicherweise 1000 Milliarden Menschen und mehr zu regieren. Das ist eine gewaltige Aufgabe, die von einer relativ kleinen Gemeinde der Erstgeborenen (die wohl kaum eine Größe von 10 Milliarden Menschen erreichen wird) in der Neuen Welt Gottes wahrgenommen werden wird.

Dass die Gemeinde der Erstgeborenen eine herausgehobene Stellung im Himmel einnimmt, wird aus den Beschreibungen ihrer Aufgaben in Gottes Neuer Welt ersichtlich. Mindestens zehnmal wird im Neuen Testament bestätigt, dass die Gemeinde zum Regieren, Richten und Mitherrschen berufen ist. In den oben zitierten Versen wird geschildert, dass sich die Gemeinde aus Menschen aller Sprachen, Völker und Nationen zusammensetzt, um als Könige und Priester auf Erden zu herrschen bzw. zu regieren. Es ist für Gott offensichtlich wichtig, dass die einzelnen Nationen und Volksgruppen auf der Neuen Erde von Menschen gleicher Sprache, Nationalität und kultureller Prägung regiert werden.

Die Ausübung der Herrschaft geschieht bereits auf der alten Erde im Tausendjährigen Reich. Hier wird die Gemeinde mit Christus über sündige und unvollkommene Menschen regieren, die noch zur Rebellion gegen Gott und seine Gebote fähig sein werden. Deshalb wird diese Regierungsform im Millennium nicht nur von Liebe, sondern auch von Gesetzeshärte und Strafe geprägt sein.

Wer siegt und bis zum Ende an den Werken festhält, die ich gebiete, dem werde ich Macht über die Völker geben. ²⁷ Er wird über sie herrschen mit eisernem Zepter und sie zerschlagen wie Tongeschirr.
Offenbarung 2,26-27

Diese 1000-jährige Erfahrung wird wohl für die Gemeinde ein wichtiges und entscheidendes Regierungspraktikum sein. Hier wird sie Erfahrung im Umgang mit dem Bösen und der Sünde gewinnen und tiefe Einsichten in Gottes weises Handeln mit der Welt der Sünder gewinnen. Möglicherweise wird die Gemeinde so begreifen lernen, warum Gott in der vergangenen Geschichte der Welt und in der persönlichen Geschichte der einzelnen Menschen, bestimmte Dinge zuließ, manchmal Leid, Not und Krankheit schickte, um uns zu erziehen, zu prägen und vor Schlimmerem zu bewahren. Unter der Anleitung von Jesus Christus, werden die Gläubigen der Brautgemeinde im Millennium nun selbst Gerichte halten, Strafen verhängen und so das Böse auf Erden zügeln und in Schach halten und das Gute belohnen und fördern.

Doch die Regierungsphase der Gemeinde auf dieser alten Erde ist relativ kurz. Sie dauert nur 1000 Jahre. Nach dem Ende des Millenniums ist die Gemeinde zur Mitregentschaft mit Christus für alle Ewigkeit berufen. Dieses Regieren wird sicherlich viel angenehmer sein, denn Sünde und Rebellion sind auf Gottes neuer Erde nicht mehr möglich. Doch obwohl das Böse für immer besiegt und beseitigt ist, wird das Regieren nicht überflüssig werden. Bei Gott gibt es weder Chaos, noch Anarchie, noch egozentrische Selbstverwirklichung. In der ewigen Welt Gottes wird die heilige Weisheit eines liebenden Gottes durch die Regierung des Königs aller Könige und seiner Brautgemeinde zur vollkommenen Ausgestaltung kommen. Alles wird seine vollkommene Ordnung und jeder seine, perfekt zu ihm passende Aufgabe haben. Die Regierungsaufgabe der zwölf ersten Jünger Jesu hat der Herr bereits beschrieben:

> *Jesus erwiderte ihnen: Amen, ich sage euch: Wenn die Welt neu geschaffen wird und der Menschensohn sich auf den Thron der Herrlichkeit setzt, werdet ihr, die ihr mir nachgefolgt seid, auf zwölf Thronen sitzen und die zwölf Stämme Israels richten.*
> Matthäus 19,28

Das Wort „richten" kann an dieser Stelle auch mit „verwalten" oder „regieren" übersetzt werden. Lukas schildert die Ausführungen Jesu über die zukünftigen Aufgaben und Privilegien der 12 ersten Jünger noch detaillierter:

> *Ihr aber seid's, die ihr ausgeharrt habt bei mir in meinen Anfechtungen. ²⁹ Und ich will euch das Reich zueignen, wie mir's mein Vater zugeeignet hat, ³⁰ dass ihr essen und trinken sollt an meinem Tisch in meinem Reich und sitzen auf Thronen und richten die zwölf Stämme Israels.*
> Lukas 22,28

Hier wird auch der Grund für die Regierungsbeteiligung genannt: *Ihr aber seid's, die ihr ausgeharrt habt bei mir in meinen Anfechtungen.* Das Mitregieren ist die Belohnung für das Ausharren. Für das Durchhalten unter widrigen Umständen. Für Entbehrungen und Treue. Paulus bestätigt diesen Sachverhalt seinem jungen Mitarbeiter Timotheus gegenüber. Er sagt dem jungen Prediger, der noch etwas schüchtern und leidensscheu zu sein scheint: *„dulden wir, so werden wir mit herrschen."* (2 Timotheus 2,12). Zu den Privilegien der

Regierungsmannschaft gehört auch das Essen und Trinken mit dem König an einem Tisch.

Die Regierung der Gemeinde unter der Oberherrschaft des Königs aller Könige wird sich über die gesamte neue Welt Gottes erstrecken. Unter ihren Herrschaftsbereich fallen die Völker, die die Neue Erde besiedeln. Wie wir bereits ausgeführt haben, kommen diese Völker aus dem Millennium. Sie werden sehr zahlreich und vielfältig sein und ewig unter der gesegneten Regentschaft von Christus und der Gemeinde stehen. Es ist erstaunlich, mit wie viel Nachdruck und unmissverständlicher Klarheit der Regierungsauftrag der Gemeinde wiederholt bestätigt wird:

„Und sie werden **regieren** von Ewigkeit zu Ewigkeit."
Offenbarung 22,3-5
„Wer überwindet, dem will ich geben, mit mir auf meinem Thron zu sitzen..."
Offenbarung 3,21

Die Regierung der Gemeinde beschränkt sich aber nicht auf die Völker der Neuen Erde. Sie umfasst auch die Engelwelt. Paulus klärt die Korinther über ihre zukünftige Aufgabe auf und sagt ihnen: *Wisst ihr nicht, dass wir Engel richten werden?* (1.Korinther 6,3). Das kann bedeuten, dass die Gemeinde in irgendeiner Weise am Gericht über die gefallenen Engel beteiligt sein wird. Doch viel wahrscheinlicher ist, dass hier die ewige Regierung über die Welt der heiligen Engel Gottes gemeint ist. Denn auch an dieser Stelle kann das Wort „richten" mit „verwalten" oder „regieren" übersetzt werden. Dass die Gemeinde über die Engel bestimmen soll, ist, aus unserer diesseitigen Perspektive betrachtet, erstaunlich und sensationell. Doch aus der Sicht Gottes ist diese Tatsache logisch und absolut richtig.

Die Selbstverständlichkeit dieser Realität ist in der Einheit der Gemeinde mit Christus begründet. Christus ist Schöpfer und Herr der Engel. Doch Jesus ist auch Mensch. Er ist zu Weihnachten Mensch geworden, er hat als Mensch auf dieser Erde gelebt, ist als Mensch gestorben, als Mensch auferstanden und als Mensch zum Himmel aufgefahren. Er bleibt in alle Ewigkeit der Menschensohn. Er ist völlig Gott und völlig Mensch. Als Mensch herrscht er nun über die Welt der Menschen und der Engel.

> *Er ist der Abglanz seiner Herrlichkeit und das Ebenbild seines Wesens und trägt alle Dinge mit seinem kräftigen Wort und hat vollbracht die Reinigung von den Sünden und hat sich gesetzt zur Rechten der Majestät in der Höhe 4 und ist so viel höher geworden als die Engel, wie der Name, den er ererbt hat, höher ist als ihr Name. 5 Denn zu welchem Engel hat Gott jemals gesagt: »Du bist mein Sohn, heute habe ich dich gezeugt«? und wiederum: »Ich werde sein Vater sein, und er wird mein Sohn sein«?*
> Hebräer 1,3-5

Und weil die Brautgemeinde zu ihm gehört und eine Einheit mit ihm bildet, wird auch sie auf die gleiche Ebene der Macht gehoben und mit gleicher Autorität ausgestattet.

> *Denn in ihm wohnt die ganze Fülle der Gottheit leibhaftig, 10 und an dieser Fülle habt ihr teil in ihm, der das Haupt aller Mächte und Gewalten ist.*
> Kolosser 2,9-10

Weil Christus Mensch ist und weil er über Engel herrscht, wird auch die Gemeinde über die Engel herrschen. Niemals haben oder werden Menschen Engeln dienen. Doch schon während der Geschichte dieser Erde haben die Engel Menschen gedient und dienen ihnen im Auftrag Gottes auch heute. Das bestätigt die Bibel wiederholt.

Sind sie nicht allesamt dienstbare Geister, ausgesandt zum Dienst um derer willen, die das Heil ererben sollen?... Denn nicht den Engeln hat er untertan gemacht die zukünftige Welt, von der wir reden.
Hebräer 1,14; 2,4

Was tun die Nationen?

Die Völker werden in dem Licht leben, das von der Stadt ausgeht, und von überall auf der Erde werden die Könige kommen und ihren Reichtum in die Stadt bringen. ²⁵ Die Tore der Stadt werden den ganzen Tag geöffnet sein; mehr noch: Weil es dort keine Nacht gibt, werden sie überhaupt nie geschlossen. ²⁶ Die herrlichsten Schätze und Kostbarkeiten der Völker werden in die Stadt gebracht.
Offenbarung 21,24-26; NGÜ

Dass die Völker des Millenniums außerhalb der Stadt auf den großen Landflächen der Neuen Erde leben werden, geht aus dem Vers 24 in Kapitel 21 der Offenbarung hervor:

Die Völker werden in dem Licht leben, das von der Stadt ausgeht, *und von überall auf der Erde werden die Könige kommen und ihren Reichtum in die Stadt bringen.*

Die Völker genießen das Licht des Neuen Jerusalem. Dieses Licht ist so gewaltig, dass es die gesamte Erde erleuchtet. Dieses Licht erleuchtet die Völker der Neuen Erde und macht ihr Leben hell. Es ist Leben spendendes Licht, weil

Gott selbst dieses Licht ist. So bestimmt die Stadt und ihr Licht das Leben der Völker auf der Neuen Erde.

Natürlich wird diese Stadt die Bewohner der Neuen Erde wie ein Magnet anziehen und faszinieren. Diese Stadt wird Impulsgeber und Muster für alles sein, was die Völker planen, schaffen und erzeugen werden. Es ist unmöglich sich heute vorzustellen, wie reich, wie kulturell vielfältig, wie schöpferisch kreativ, wie moralisch rein und sittlich vollkommen, wie abwechslungsreich, wie künstlerisch und ästhetisch perfekt das Leben der Menschen auf der Neuen Erde sein wird. Und wie sich diese erlösten Völker von Ewigkeit zu Ewigkeit auf jeder Ebene weiter und höher entwickeln werden. Von einer Herrlichkeit zur nächsten.

Und bei all ihrem Schaffen und Handeln, Reden und Verhalten, werden sie sich niemals von sündigen Motiven leiten lassen. Alle ihre Beweggründe werden heilig, gerecht und selbstlos sein. Sie werden von der Liebe zu Gott und zum Nächsten bestimmt sein. Hier werden die Menschen endlich wirklich in der Lage sein die beiden höchsten Gebote Gottes vollkommen zu erfüllen und auszuleben: Gott von ganzem Herzen und den Nächsten wie sich selbst lieben.

Das kreative Schaffenspotential der Völker wird unerschöpflich sein. Was für phantastische Städte und Infrastrukturen werden sie bauen! Was für Parks und Gärten, Prachtschlösser und Denkmäler werden sie schaffen! Was für Schätze und Erzeugnisse werden sie produzieren und was für Kostbarkeiten und Reichtümer werden sie in die Hauptstadt der Neuen Welt Gottes hineinbringen! Sie werden *von überall auf der Erde... kommen und ihren Reichtum in die Stadt bringen*. Diese Information bestätigt, dass die Neue Erde auf ihrer gesamten Fläche besiedelt sein wird. Und dass jedes Volk sein ihm von Gott zugewiesenes Land bewohnen wird.

Alle Regionen der Neuen Erde werden bewohnbar sein. Es wird keine unbewohnbaren Ozeane, Wüsten oder Eisflächen mehr geben.

Die Völker werden ihre Eigenart, ihre ethnische Identität nicht verlieren. Gott hat die Völker geschaffen und gewollt. Gott ist ein Gott der Vielfalt. Wir können davon ausgehen, dass jedes Volk auf der Neuen Erde seine besondere Identität behalten und entfalten wird. Dabei wird es nur um die guten Eigenschaften einer Nation gehen, die die Neue Erde bereichern und für die gesamte Völkerwelt ein Segen sein werden. Die hinderlichen Unterschiede, die die Verständigung erschwerten und dem harmonischen Zusammenleben auf der alten Erde im Wege standen, werden verschwinden. So werden vermutlich alle Völker der Welt wieder eine Sprache sprechen. Oder aber alle Menschen werden alle Sprachen verstehen und sprechen können. Es ist zumindest nicht vorstellbar, dass die babylonische Sprachverwirrung auf der Neuen Erde bestehen bleiben könnte. Es wird ganz sicher keine Kommunikationsschwierigkeiten mehr geben. Jedes Volk wird seine geheiligte und vollkommene kulturelle Identität beibehalten und sie nutzen, um Gott zu dienen und zu loben und um das Leben auf der Neuen Erde zu bereichern. Denken wir dabei zum Beispiel an Musik, Kunst, Architektur und an die kulinarische Vielfalt.

Jedes Volk wird bemüht sein, seine *herrlichsten Schätze und Kostbarkeiten* in die Stadt zu bringen um Gott damit anzubeten und zu danken. Die Könige der Völker werden *kommen und ihren Reichtum in die Stadt bringen*. Die Völker sind also organisiert in Staaten, die von Königen regiert werden. Doch die Könige der Völker sind heilige Könige, die ihr Volk lieben und ihm von Herzen dienen. Jeder dieser Könige wird den König aller Könige anbeten und seinem Vorbild folgen.

Das Neue Jerusalem ist so groß, dass es viele Milliarden von Besuchern gleichzeitig aufnehmen kann. Die zwölf Tore der Stadt werden nie geschlossen und der Strom der Könige der Völker mit ihren Delegationen und Anbetungschören, mit ihren Schätzen und Kostbarkeiten, wird nie abreißen. Jedes Volk wird aus seiner geographischen Richtung kommen. Nicht umsonst hat die Hauptstadt der Neuen Welt Gottes jeweils drei Tore von Norden, von Süden, von Osten und von Westen. So wird es keinen „Stau" und kein Gedränge geben. Und doch werden die Völker sich hier treffen und gemeinsam Gottesdienste in der unmittelbaren Gegenwart Gottes, der Gemeinde und der Engel feiern. So wird das Neue Jerusalem zum Treffpunkt der Völker und zum Zentrum der Anbetung Gottes für die gesamte Völkergemeinschaft der Neuen Erde werden.

Welch ein faszinierendes Bild wird es sein, wenn wir den König der Ägypter durch das eine Tor mit seinem Gefolge kommen sehen werden. Und durch das andere Tor den König der Deutschen mit seiner Delegation und durch das dritte Tor den König der Chinesen, und durch das vierte den König der Perser, und den russischen König .... Und sie alle werden sich vor dem Thron Gottes und des Lammes Treffen und niederfallen und Gott und Jesus anbeten. Sie werden hier ihre Kostbarkeiten, Reichtümer und Schätze Gott und Jesus weihen. Und der Herr wird sie segnen. Sie werden gemeinsam Anbetungslieder singen und Gott loben. Dieser Völkerstrom wird nie abreißen. Die Tore der Stadt stehen immer offen.

Die Blätter der Bäume zur Heilung der Völker?

Zwischen der Straße der Stadt und dem Strom, hüben und drüben, stehen Bäume des Lebens. Zwölfmal

tragen sie Früchte, jeden Monat einmal; und die Blätter der Bäume dienen zur Heilung der Völker.
Offenbarung 22,2

Die Blätter der Bäume des Lebens haben eine besondere Funktion und Bedeutung für die Völker. Sie dienen ihnen zur Heilung. Diese Funktion der Blätter ist rätselhaft. Im vorletzten Kapitel der Offenbarung wird uns versichert, dass es in Gottes Neuer Welt weder Schmerz, noch Leid, noch Geschrei, noch den Tod geben wird. Und doch gibt es einen Zusammenhang zwischen der Gesundheit bzw. dem Wohlergehen der Völker und den Blättern von den Bäumen des Lebens. Das hier verwendete griechische Wort *therapeia*, von dem unser deutsches Wort „Therapie" abgeleitet wird, kann Gesundheit, Genesung oder Heilung bedeuten. Was immer die Funktion dieser Blätter im Hinblick auf das Wohlbefinden der Völker auch sein wird, dieser Ausdruck veranschaulicht noch einmal sehr eindrucksvoll, wie real irdisch und leiblich-konkret das Leben auf der Neuen Erde sein wird. Und wie Gott für alle Bedürfnisse der Menschen sorgen und aufkommen wird. Für die Bewohner des Neuen Jerusalem wiederum scheinen die Blätter der Bäume des Lebens keine heilende Funktion zu haben. Denn ausdrücklich werden hier in diesem Zusammenhang nur die Völker genannt.

Mutmaßungen

Was die Heilung der Völker angeht, können wir nur mutmaßen. Es fällt auf, dass es einen wesentlichen Unterschied zwischen den Bewohnern des Neuen Jerusalem und den Bewohnern der Neuen Erde, die außerhalb der Stadt in Gottes Neuer Welt wohnen, geben wird. Die menschlichen

Bewohner des Neuen Jerusalem bilden die Gemeinde der Erstgeborenen, die Braut Christi, die mit Christus regiert. Diese Menschen sind durch die Auferstehung und Entrückung endgültig vollendet und verherrlicht. Sie haben eine herausgehobene Aufgabe und Stellung in Gottes Neuer Welt. Die Völker des Millenniums hingegen fallen auf durch ihre (geschätzte und vermutete) Vielzahl. Wenn wir mit unserer Vermutung richtig liegen, dann ist das Tausendjährige Reich so etwas, wie Gottes „Brutkasten für den Himmel". Möglicherweise eintausend Milliarden Menschen oder mehr, werden die Neue Erde bevölkern. Sie werden von Christus und der Gemeinde regiert werden. Sie leben ein „ganz normales" menschliches Leben auf einer paradiesischen Erde. Doch wie gelangen die Völker des Millenniums von der alten auf die Neue Erde?

Beim Lesen der Bibel fällt auf, dass uns an keiner Stelle gesagt wird, wie die Umsiedlung der Völker von der alten auf die Neue Erde stattfindet. Es ist sicher falsch anzunehmen, dass sie alle vor der Vernichtung der alten Erde getötet werden, um dann zur Auferstehung und zum Leben auf der Neuen Erde zu gelangen. Wir lesen auch nichts von einer neuen, zweiten Verwandlung und Entrückung. Es gibt keine zweite Entrückung. Wie also gelangen die Völker auf die Neue Erde?

Könnte es sein, dass die gläubigen Menschen des Millenniums von Gott auf die Neue Erde so umgesiedelt werden, wie sie sind? Als gerettete, gerechte und geheiligte Menschen, aber noch in ihrem alten, sterblichen Leib? Und könnte es sein, dass sie dann die Unsterblichkeit erlangen, indem sie die Blätter der Bäume des Lebens „einnehmen" und so die völlige Heilung von der leiblichen Schwachheit und Sterblichkeit und die endgültige Vollendung des Leibes erleben werden? Dann wird die Aussage „*und die Blätter der Bäume dienen zur Heilung der Völker*" verständlicher. Dann wäre ihre Situation vermutlich vergleichbar mit der von Adam und Eva vor dem Sündenfall, wenn die beiden damals nicht von dem Baum der Erkenntnis des Bösen und Guten, sondern von dem Baum des Lebens gegessen hätten und so ewiges Leben im Leibe erhalten hätten.

Was uns bei genauem Lesen der Schrift auffallen muss, ist der Umstand, dass der Himmel viel bunter und vielfältiger ist, als wir uns ihn in der Regel fälschlicherweise vorstellen. Da gibt es einerseits die Stadt Gottes und andrerseits die Neue Erde. Da gibt es Menschengruppen mit ganz unterschiedlichen Bestimmungen, Wohnorten, Aufgaben, Lebensweisen und Herrlichkeiten. Da gibt es die Alttestamentliche und die Neutestamentliche Gemeinden Gottes im Neuen Jerusalem. Da gibt es die Völker des Millenniums auf der Neuen Erde. Aber es gibt auch noch andere Gruppen von Erlösten, von denen wir einfach zu wenig bzw. gar nichts wissen, hinsichtlich ihrer ewigen Rolle und Bestimmung. Da sind die vortestamentlichen Gläubigen, wie Abel, Henoch, Noah, Hiob und viele mehr. Da gibt es die Märtyrer und die anderen Geretteten aus der Großen Trübsal. Da gibt es die ungeborenen Kinder, die abgetrieben wurden oder im Mutterleib gestorben sind. Da gibt es die Säuglinge und Kinder, die im unmündigen Alter gestorben sind. Und möglicherweise noch weitere Gruppen, auf die wir heute nicht kommen würden. Der Himmel ist eine bunte, vielfältige und von unzähligen Milliarden Menschen und Engeln bevölkerte Welt.

10

Ehe und Familie im Himmel

Die Ehe der Gemeinde

Über diesen Bereich wird viel spekuliert. Manche Christen behaupten, dass es im Himmel weder Mann noch Frau geben wird, sondern alle Menschen zu geschlechtslosen Wesen mutieren werden. Andere befürchten, dass sie einander im Himmel nicht mehr erkennen und Eheleute einander nicht mehr wiederfinden werden. Wieder andere vermuten, dass die Ehen im Himmel fortgesetzt werden, vorausgesetzt beide Partner sind gläubig und kommen in den Himmel. Wir müssen zugeben, dass wir zu diesem Thema gerne mehr Informationen hätten. Wir wüssten gerne mehr über die zwischenmenschlichen Beziehungen und die Gesellschaftsordnung im Himmel. Die biblischen Informationen zu diesem Thema sind zwar knapp aber prägnant und aufschlussreich.

Die Bibel sagt an keiner Stelle, dass es im Himmel weder Mann noch Frau geben wird. Auch finden wir in Gottes Wort keine Aussage, die bestätigt, dass die Menschen im Himmel geschlechtslos sein werden. Im Gegenteil, dem Kontext der Heiligen Schrift können wir entnehmen, dass jeder Mensch im Himmel seine Identität beibehält und in Gottes Neuer Welt als die Person, die er auf Erden war, durchaus zu erkennen sein wird. Abraham bleibt im Himmel Abraham, Isaak bleibt Isaak und Jakob bleibt Jakob. Offensichtlich bleiben auch Ihre Ehefrauen die Personen, die sie auf Erden waren: Sarah bleibt Sarah, Rebekka bleibt Rebekka, Lea bleibt Lea und Rahel bleibt Rahel. Lazarus blieb auch in „Abrahams Schoß" Lazarus. Mose und Elia waren auf dem Verklärungsberg in verklärter Herrlichkeit als Männer zu erkennen. Mose blieb Mose und Elia blieb Elia. Im Galaterbrief meint Paulus keineswegs die Aufhebung der Geschlechter, wenn er sagt, in Christus „*ist nicht Mann noch Frau*". Hier geht es um gleiche Voraussetzungen und um gleiche Wertschätzung für alle in Christus: Heiden und Juden, Sklaven und Freie, Männer und Frauen. Die Neue Genfer Übersetzung übersetzt hier treffend:

> *Hier gibt es keinen Unterschied mehr zwischen Juden und Griechen, zwischen Sklaven und freien Menschen, zwischen Mann und Frau. Denn durch eure Verbindung mit Jesus Christus seid ihr alle zusammen ein neuer Mensch geworden.*
> Galater 3,28

Die diesseitige Ehe wird nach dem Tod und der Auferstehung offensichtlich im Himmel nicht fortgesetzt. Das gilt zumindest für die Gemeinde der Erstgeborenen, für die Braut Christi. Darüber gibt Jesus Christus den Sadduzäern Auskunft, die unter anderem wegen der Ehe die Auferstehung anzweifelten. Als Beispiel führten sie eine (vermutlich fiktive) Witwe an, die sieben Ehemänner überlebte, bevor sie selber starb. Die Antwort Jesu auf die Frage der Sadduzäer ist sehr aufschlussreich:

> *»Wie ist es nun bei der Auferstehung? Wem von den sieben gehört sie dann? Sie alle waren schließlich mit ihr verheiratet gewesen.«* [29] *Jesus gab ihnen zur Antwort: »Ihr irrt euch, weil ihr weder die Schrift noch die Kraft Gottes kennt.* [30] *Denn nach der Auferstehung heiraten die Menschen nicht mehr, sondern sind wie die Engel im Himmel."*
> Matthäus 22,28-30; NGÜ

Nach der Auferstehung werden die Menschen nicht mehr heiraten. Die diesseitige Ehe ist offensichtlich beendet und hat ihren Zweck erfüllt. Ihre Gültigkeit war und ist „bis der Tod euch scheidet". Die irdische Ehe war (für die, die sterben und auferstehen) von Gott als zeitlich befristete, wenn auch außerordentlich wichtige Institution gedacht, die nach dem leiblichen Tod der Ehepartner ihren Zweck erfüllt hat. Das bedeutet nicht, dass (ehemalige) Ehepartner sich im Himmel nicht kennen und keine Beziehung miteinander haben werden. Im Gegenteil, ihre Beziehung wird möglicherweise noch enger und intensiver sein als auf Erden, aber es wird nicht die Fortsetzung der irdischen Ehe sein. Sollte die irdische Ehe fortgesetzt werden, wären all die Menschen im Himmel benachteiligt, die in Gottes Neuer Welt als Singles, die niemals verheiratet waren, ankommen, wie auch solche, die auf Erden einen ungläubigen Partner hatten, der nun leider nicht den Himmel als ewigen Wohnort mit seinem gläubigen (Ex)-Ehepartner teilen wird.

Nach der Auferstehung werden die Menschen sein *wie die Engel im Himmel*. Das bedeutet nicht, dass sie zu Engeln werden. Sie bleiben Menschen, ebenso, wie Jesus Christus in alle Ewigkeit der Menschensohn bleibt. Diese Aussage kann also nur bedeuten, dass die Menschen im Himmel, wie die Engel, nicht heiraten und nicht in Heirat gegeben werden. Engel heiraten nicht und führen keine Ehen. Doch an dieser Stelle endet der Vergleich auch schon. Denn im Himmel gibt es für die gerettete Gemeinde doch eine Ehe. **Die** Ehe! Die eine Ehe zwischen Christus und seiner Gemeinde. Paulus sieht die irdische Ehe als Vorstufe bzw. Vorbereitung auf die höhere, die eigentliche Ehe:

> *»Deshalb«, so heißt es in der Schrift, »wird ein Mann Vater und Mutter verlassen und sich mit seiner Frau verbinden, und die zwei werden ein Leib sein.«* [32] *Hinter diesen Worten verbirgt sich ein tiefes Geheimnis. Ich bin überzeugt, dass hier von Christus und der Gemeinde die Rede ist.* Epheser 5,31-32, NGÜ

Die Ehe zwischen Mann und Frau auf dieser alten Erde ist ein Symbol, ein Hinweisschild auf unsere ewige Vereinigung mit Christus in einer himmlischen Ehe. Wenn die eigentliche Realität eingetroffen ist, dann sind Symbole und Hinweisschilder nicht mehr erforderlich. Randy Alcorn sagt in seinem Buch „Heaven" zu diesem Thema folgendes:

„Die irdische Ehe ist ein Schatten, eine Kopie, ein Echo der wahren und eigentlichen Ehe. Wenn die wirkliche Ehe mit dem Hochzeitsmahl des Lammes beginnt, werden all die menschlichen Ehen, die darauf hingedeutet haben, ihren noblen Zweck erfüllt haben und in die eine große Ehe, die sie symbolisiert hatten, hineingenommen werden."[1]
(Eigene Übersetzung, Anm. d. Autors)

Natürlich bleiben für uns jetzt noch viele Fragen offen. Die himmlische Ehe der Gemeinde mit Christus ist für uns heute ein unergründlich tiefes Geheimnis. Doch möglicherweise kann uns an dieser Stelle der Vergleich zwischen einer zweidimensionalen und einer dreidimensionalen Welt helfen. Stellen wir uns vor, wir leben heute in einer zweidimensionalen Welt. In dieser Welt gibt es nur Schatten und Bilder, aber keine Gegenstände mit Volumen. Der Himmel ist in diesem Vergleich eine dreidimensionale Welt, in der es echte Objekte mit wirklicher

---

[1] Alcorn, Randy C., Heaven, Eternal Perspective Ministries, 2004, S. 350

Substanz und Volumen gibt. Dann wäre unsere irdische Ehe ein Bild, eine Zeichnung, ein Schatten, die darauf hindeuten, dass es eine konkrete Ehe mit Volumen und Substanz gibt. Diese Ehe ist die himmlische Ehe. Wenn wir in den himmlischen Raum eingetreten sein werden, wird unser Leben Volumen und Form annehmen und alle Schatten und Symbole werden ihre wahren Objekte und Gegenstände, von denen sie hier nur schwache Abbildungen waren, in der himmlischen Realität gefunden haben. Eine ganz wichtige davon wird die Ehe sein.

Ganz sicher werden Eltern ihre Kinder in die Arme schließen, leibliche Verwandte werden sich treffen und aneinander erfreuen. Doch wir werden auch feststellen, dass menschliche Verwandtschaft im Himmel fiel weiter gefasst sein muss als auf Erden. Wir werden feststellen, dass wir alle miteinander aufs engste verwandt und verbunden sind – durch Adam, durch Noah, durch Abraham und vor allem durch Christus. Wir sind alle eine große himmlische menschliche Familie und jeder in dieser Familie ist uns im wahrsten Sinne des Wortes und in ewiger Realität Schwester oder Bruder. Wir alle sind Kinder eines Vaters, unseres Schöpfers und allmächtigen Gottes, und wir alle sind Geschwister unseres großen Bruders, Retters und Königs, Jesus Christus. Gleichzeitig sind wir seine Braut, sein Leib, sind mit ihm aufs engste in einer ewigen Liebesbeziehung, der himmlischen Ehe, verbunden.

Und doch werden wir uns als Persönlichkeit nicht aufgelöst haben. Wir werden zu unserem eigenen Erstaunen mehr als jemals zuvor, wir selbst sein. Mit unseren Stärken, Gaben, unserem ganz eigenen Potential und einzigartigem, einmaligem Namen. Wir werden, wie nie zuvor, deutlich begreifen wer wir sind, wer unsere Geschwister sind und wer Christus ist. Und wir werden die himmlischen Beziehungen genießen, wie wir Beziehungen niemals zuvor auf der alten Erde genießen konnten. Denn hier standen dem Genuss die eigene Unvollkommenheit und Sünde, sowie die der anderen im Wege. Im Himmel sind diese Beschränkungen aufgehoben und der Beziehungsradius ist um ein Vielfaches erweitert. Jesus hat es seinen Jüngern bei mehreren Gelegenheiten versucht zu vermitteln, dass es eine tiefere (oder höhere) Beziehungsebene gibt, als die, an die wir uns hier gewöhnt haben.

Einmal kamen Jesu Mutter und seine Brüder und wollten ihn sprechen. Doch wegen der Menschenmenge konnten sie nicht bis zu ihm durchkommen. [20] *Man teilte ihm mit: »Deine Mutter und deine Brüder stehen vor dem Haus und möchten dich sehen.«* [21] *Doch Jesus erwiderte: »Meine Mutter und meine Brüder sind alle, die das Wort Gottes hören und danach handeln.«*
Lukas 8,19-21, NGÜ

Die Ehe für die Völker des Millenniums - Mutmaßungen!

Als nächstes stellt sich die Frage der Ehe und Familie für die Völker des Millenniums in der Neuen Welt Gottes. Wenn wir bedenken, dass die Gemeinde die Braut des Lammes ist, die nach der Auferstehung eine Ehe mit Christus eingeht, dann ist die Frage angebracht: was ist der Status der Völker auf der Neuen Erde hinsichtlich der Ehe? Die Ehe der Brautgemeinde mit Christus teilen sie offensichtlich nicht. Wäre es da nicht denkbar, dass für die Völker die menschliche Ehegemeinschaft zwischen Mann und Frau nach wie vor gilt? Und wenn das stimmt, werden sie dann auch das menschliche Ehe- und Familienleben auf der Neuen Erde fortsetzen, zu dem auch Kinder gehören? Dann wäre das paradiesische Leben der vollkommen sündlosen Menschen auf einer paradiesischen Erde wiederhergestellt, so wie Gott es sich von Anfang an bei der Erschaffung von Adam und Eva gedacht hatte. Und das Gebot *„seid fruchtbar und mehret euch und füllet die Erde"* bliebe in Kraft. Mit dem einen großen Unterschied: Sünde und Versuchung sind für immer überwunden und das ewige Glück der Menschen auf Erden ist nicht mehr gefährdet. Denn der Satan ist vernichtet, die Sünde ist für immer besiegt und der Tod ist für immer beseitigt. Darüber hinaus haben die Menschen der Neuen Erde ungehinderten Zugang zu Gott und dürfen den Vater und seinen Sohn Jesus Christus, den König, und dessen Braut in ihrer Herrlichkeit sehen und vor dem Thron Gottes ihren Schöpfer anbeten. Die Tore der Stadt stehen ihnen immer offen.

Dann wird es ihre ewige Aufgabe sein, in ihren Ehen, die Ehe zwischen Christus und der Gemeinde widerzuspiegeln. Die Schrift bestätigt, dass die Ehe zwischen Mann und Frau solange gilt, bis einer der Ehepartner gestorben ist. Nur der Tod kann die Ehe beenden und die Ehepartner scheiden. Doch was ist, wenn die Ehepartner im Millennium nicht sterben? Und wenn sie dann ohne zu sterben, im sterblichen Leib auf die Neue Erde umgesiedelt werden und dort durch die Blätter der Bäume des Lebens Unsterblichkeit im Leibe erlangen? Werden dann nicht auch ihre Ehen unsterblich?!

Natürlich entstehen dann weitere Fragen, auf die wir jetzt keine eindeutigen Antworten erhalten können. Wie wird das Leben der Völker auf der Neuen Erde praktisch aussehen? Werden diese Menschen in menschlichen Ehen und Familien weiterleben und Kinder zeugen? Kinder, die dann keine Sünder mehr sind, sondern heilige, sündlose Kinder, weil sie ja von heiligen und sündlosen Eltern abstammen werden.

Dann werden die Geburten schmerzfreie Geburten sein. Die Kinder werden sich mit Leichtigkeit erziehen und prägen lassen. Die Erziehung der Kinder wird nur Freude bereiten. So, wie die Erziehung von Jesus, Maria und Joseph keine Not, sondern ganz sicher nur Freude bereitet haben musste. Und außerdem: kann man sich eine paradiesische Erde wirklich ohne Kinder vorstellen?! Und bedeutet ewiges Leben nicht auch Wachstum und Vermehrung? Und kann es sein, dass das Gebot Gottes: „Seid fruchtbar und mehret euch", nur für die gefallene, sündige Erde gedacht war?

Wie aber ist dann das Wort des Herrn zu verstehen, das die Fortsetzung der Ehe im Himmel scheinbar verneint: *Denn in der Auferstehung werden sie weder heiraten noch sich heiraten lassen, sondern sie sind wie Engel im Himmel?* (Matthäus 22,30). Doch wenn wir uns dieses Wort des Herrn genau ansehen, dann ist hier die Rede nicht vom Himmel oder von der Neuen Welt Gottes, sondern von der Auferstehung. Einige Übersetzungen übersetzen an dieser Stelle auch: *Denn* **nach** *der Auferstehung werden sie weder heiraten noch sich heiraten lassen.* Doch wenn die Menschen des Millenniums nicht aus der Auferstehung, sondern aus dem Tausendjährigen Reich kommen, dann könnte es sein, dass dieses Wort des Herrn sie nicht betrifft, weil es für sie keine Zeit „nach der Auferstehung" gibt, weil sie weder den Tod, noch die Auferstehung erlebt haben werden? Es ist erstaunlich festzustellen, dass die Bibel an keiner Stelle von einer Auferstehung der Gläubigen des Millenniums spricht. Es ist zwar die Rede von der Auferstehung der Toten zum Gericht, aber nicht von der Auferstehung der Gläubigen des Millenniums. Man gewinnt den Eindruck, dass die Gläubigen des Tausendjährigen Reiches in dieser Zeit gar nicht sterben werden. Möglicherweise werden in dieser Zeit nur die Gottlosen mit dem Tod bestraft werden und der Tod wird dann als ein eindeutiges Zeichen der Verdammnis und des Fluches gelten. Wenn aber einzelne von den Gläubigen doch sterben werden, könnte es dann sein, dass sie nicht auferstehen, sondern nur auferweckt werden, wie Lazarus oder die Tochter des Jairus?

Wenn wir mit dieser Vermutung richtig liegen, dann wird die viele Milliarden große gläubige Bevölkerung des Millenniums die Auferstehung gar nicht erleben. Sie werden aber auch nicht wie die Gemeinde entrückt werden. Sie werden dann von Gott vermutlich nur „umgesiedelt" werden - von der alten auf die neue Erde. Und das zunächst in ihrem sterblichen Leib. Die Unsterblichkeit des Leibes erhalten sie dann durch die Blätter der Bäume des Lebens aus dem Neuen Jerusalem.

Auch wenn wir jetzt nur spekulative Gedanken äußern, lässt gerade diese Aussage: *und die Blätter der Bäume dienen zur Heilung der Völker,* solche Mutmaßungen zu. Doch wir werden uns mit der endgültigen Antwort gedulden lassen müssen, bis wir in Gottes Neuer Welt angekommen sind. Die Überraschungen werden vielzählig und gewaltig sein.

11

Namen im Himmel

Namen haben bei Gott eine große Bedeutung. Der Name ist niemals nur eine Ansammlung von Buchstaben oder Silben. Wenn das so wäre, würde Gott vermutlich Zahlen und Nummern statt Namen verwenden. Der Name beschreibt in der Regel das Wesen der Person, ihre Eigenschaften, evtl. ihre Abstammung, ihren Charakter und ihre Fähigkeiten. Wenn es um Namen und ihre Bedeutung geht, dann sind die Namen Gottes das beste Beispiel dafür. Gott hat viele Namen und jeder Name Gottes hat eine gewichtige Aussage. Er beschreibt Gottes Wesen aus einer ganz bestimmten Perspektive und betont in der Regel ein bestimmtes Wesensmerkmal seiner Person. Im Verlauf der Geschichte hat Gott immer wieder einige seiner Namen und damit sich selbst offenbart. Weil der Mensch nach dem Ebenbild Gottes geschaffen ist, hat er auch Namen. Gott zeigt die Wertschätzung eines Menschen auch dadurch, dass er ihm einen Namen gibt und ihn mit Namen ruft. Der Antichrist und der Satan werden den Menschen lediglich mit Hilfe von Zahlen identifizieren. Für den Satan ist der Mensch keine wertvolle Person, sondern eben nur eine „Nummer". Doch bei Gott sind wir wertvoll und haben deshalb einen persönlichen Namen.

> *Und nun spricht der HERR, der dich geschaffen hat, Jakob, und dich gemacht hat, Israel: Fürchte dich nicht, denn ich habe dich erlöst; ich habe dich bei deinem Namen gerufen; du bist mein!*
> Jesaja 43,1

Namen geben Auskunft über das Wesen einer Person. Man kann eine Person nicht wirklich kennenlernen, wenn man ihren Namen nicht kennt. Deshalb offenbart Gott in seinem Wort seinen Propheten nach und nach mehrere seiner Namen. Es ist erstaunlich, dass der ewige und unwandelbare Gott im Laufe der menschlichen Geschichte neue Namen annimmt. Auf die Frage des Mose, mit welchem Namen er Gott dem Volk Israel in Ägypten vorstellen soll, antwortete der Herr:

> *Und Gott sprach weiter zu Mose: So sollst du zu den Söhnen Israel sagen: Jahwe, der Gott eurer Väter, der Gott Abrahams, der Gott Isaaks und der Gott Jakobs, hat mich zu euch gesandt. Das ist mein Name in Ewigkeit, und das ist meine Benennung von Generation zu Generation.*
> Exodus 3:15

Gott nimmt den Namen von Menschen an und identifiziert sich so mit uns. Er heißt unter anderem: Gott Abrahams, Gott Isaaks und Gott Jakobs. Es ist bemerkenswert zu lesen, dass Gott auch in seinem Sohn Jesus Christus im Verlauf der Geschichte neue Namen annimmt. Er heißt Emmanuel, das Lamm Gottes, der Löwe aus dem Stamm Juda, Menschensohn, Christus und Jesus. Bei seinem Wiederkommen trägt er weitere neue Namen:

> *Und er ist bekleidet mit einem in Blut getauchten Gewand, und sein Name heißt:* **Das Wort Gottes**.... *Und er trägt auf seinem Gewand und an seiner Hüfte einen Namen geschrieben:* **König der Könige und Herr der Herren**.
> Offenbarung 19,13+16

Und dann gibt es da noch einen Namen, der bisher keinem bekannt ist. Dieser Name des Herrn ist noch ein

Geheimnis. Doch dieser Name wird bei seinem Wiederkommen gelüftet und bekannt werden. Es wird sicher ein sehr bedeutender, aussagestarker, einzigartiger und überraschender Name sein. Dieser Name wird, wie auch all die anderen Namen des Herrn Jesus, die Person unseres Erlösers für alle Ewigkeit zieren.

> *Seine Augen aber sind eine Feuerflamme, und auf seinem Haupt sind viele Diademe, und er trägt **einen Namen geschrieben, den niemand kennt als nur er selbst**.*
> Offenbarung 19,12

Es ist interessant zu beobachten, dass Gott selbst einigen Menschen bestimmte Namen gegeben hat. Dazu gehören Ismael, Isaak, Johannes (der Täufer) und Jesus selbst. Manche Menschen hat Gott umbenannt und ihnen neue oder zusätzliche Namen gegeben. Dazu gehören Abraham, Sara und Jakob.

> *Und nicht mehr soll dein Name Abram heißen, sondern Abraham soll dein Name sein! Denn zum Vater einer Menge von Nationen habe ich dich gemacht.... Und Gott sprach abermals zu Abraham: Du sollst Sarai, deine Frau, nicht mehr Sarai nennen, sondern Sara soll ihr Name sein.*
> Genesis 17,5+15

> *Da sprach er: Nicht mehr Jakob soll dein Name heißen, sondern Israel; denn du hast mit Gott und mit Menschen gekämpft und hast überwältigt.*
> Genesis 32,29

Auch Jesus Christus hat einigen seiner Jünger neue bzw. zusätzliche Namen gegeben, um entweder ihren

Charakter oder ihre Aufgabe in seinem Reich treffender zu beschreiben. Dazu gehören Petrus, Jakobus und Johannes.

> *Und er berief die Zwölf, und er gab dem Simon den Beinamen Petrus; und Jakobus, den Sohn des Zebedäus, und Johannes, den Bruder des Jakobus, und er gab ihnen den Beinamen Boanerges, das ist Söhne des Donners.*
> Markus 3,16-17

Namen sind für Gott offensichtlich wichtiger, als wir vermuten. Gottes Wertschätzung der menschlichen Person und seiner einzigartigen Individualität ist unbegreiflich hoch. Für den Schöpfer ist die Würde des Menschen, die er ihm selbst verliehen hat, ein unfassbar wertvolles Gut. In einer Verheißung an die Überwinder erstrahlt diese göttliche Wertschätzung des Menschen besonders hell. An die treuen Christen, richtet Jesus folgendes Versprechen:

> *Wer überwindet, dem will ich geben... einen weißen Stein; und auf dem Stein ist ein **neuer Name** geschrieben, den niemand kennt als der, der ihn empfängt.*
> Offenbarung 2,17

Der Überwinder, der bei dem Herrn im Himmel ankommt, erhält einen neuen Namen (vermutlich zusätzlich zu dem, den er bereits besitzt), der ganz sicher das Wesen und den Charakter des Himmelsbewohners vollkommen treffend beschreiben wird. Dass diesen Namen *niemand kennt als der, der ihn empfängt*, bedeutet nicht, dass der Name für immer das Geheimnis des Namensträgers bleibt. Diesen Namen wird niemand sonst kennen, weil es ganz sicher ein einmaliger und individueller Name sein wird. Das bedeutet, dass niemand sonst im Himmel diesen Namen tragen wird und dass es keine zwei gleichen Namen unter den Bewohnern des Neuen Jerusalem geben wird. Hier fällt die Parallele zu Jesus Christus auf, der bei seiner Wiederkunft auch einen neuen Namen trägt, den noch niemand kennt, außer er selbst. Was die neue Namensgebung angeht, gibt es in der Zukunft eine erstaunliche Gleichstellung zwischen Christus und den geretteten Menschen. Denn auch Jesus ist und bleibt Mensch in alle Ewigkeit. Er ist der Menschensohn und der „Erstgeborene unter vielen Brüdern" (Römer 8,29).

Jeder Name wird einmalig und einzigartig sein und nur eine einzige Person zieren. Es wird ein besonderer und sehr aufregender Moment für jeden geretteten Menschen sein, wenn Gott ihm seinen neuen ewigen Namen bekanntgeben wird. Wir wissen also im gewissen Sinne heute noch nicht endgültig, wer wir sind und wie wir heißen. Wir kennen unsere ewige Identität, unsere Aufgabe und Position im Himmel noch nicht. Doch der neue Name wird diese Identität ganz sicher aufs treffendste beschreiben. Und es wird keine zweite Person mit diesem Namen geben.

Schon heute haben wir Mühe zwischen Hans und Hans, Maria und Maria, und den vielen Meiers und Schulzes zu unterscheiden. Zu viele Menschen haben auf dieser Erde den gleichen Namen. In Gottes Neuer Welt wird es nicht hunderte oder tausende Menschen mit dem Namen Petrus, Johannes, Maria oder Anna geben. Jeder Name wird nur einmal vorhanden sein. Es ist für einen Schöpfergott, der die Vielfalt geschaffen hat und liebt, absolut kein Problem, jedem seiner Kinder einen einmaligen, einzigartigen und absolut perfekt zu ihm passenden Namen zu geben. Ein Gott der jeder einzelnen Schneeflocke ein individuelles Aussehen gibt und jedem der unzählbaren Milliarden Sterne einen eigenen Namen gibt, der wird es sich nicht nehmen lassen, jedem Sohn und jeder

Tochter einen von ihm selbst ausgesuchten himmlisch schön klingenden und zu dem Kind perfekt passenden Namen zu geben. Ist es nicht bereits hier, auf unserer alten Erde so, dass Vater und Mutter ihrem Kind einen Namen aussuchen! Warum sollte der Himmlische Vater seinen Kindern nicht auch einen himmlischen Namen für die Ewigkeit verleihen. Der Name wird nach der Enthüllung für den Namensträger selbst, anschließend auch der himmlischen Öffentlichkeit präsentiert werden und zwar von Christus selbst.

> *Wer überwindet, der soll mit weißen Kleidern angetan werden, und ich werde seinen Namen nicht austilgen aus dem Buch des Lebens, und ich will seinen Namen bekennen vor meinem Vater und vor seinen Engeln.*
> Offenbarung 3,5

Doch es gibt noch weitere Namen, die wir im Himmel tragen werden. Namen die uns zieren und ehren werden. Es wird für jeden Bewohner des Neuen Jerusalem eine absolut unvorstellbare Ehre und Würdigung sein, drei der Höchsten Namen tragen zu dürfen:

> *Wer überwindet, den werde ich im Tempel meines Gottes zu einer Säule machen, und er wird nie mehr hinausgehen; und ich werde auf ihn schreiben* **den Namen meines Gottes** *und* **den Namen der Stadt meines Gottes, des neuen Jerusalem**, *das aus dem Himmel herabkommt von meinem Gott, und* **meinen neuen Namen**.
> Offenbarung 3:12

12

Essen und Trinken im Himmel

Das Essen und das Trinken gehört selbstverständlich zur Leiblichkeit des Menschen und zu einem Leben des Menschen auf der Erde. Der Gaumengenuss endet nicht mit dem Tod des alten Leibes bzw. mit dem Ende der alten Welt. Auch im Auferstehungsleib auf der Neuen Erde und im Neuen Jerusalem wird gegessen und getrunken. Das Genießen von Speisen und Getränken ist einer der Wege Gottes, auf denen er den Menschen mit seinen Segensgaben beschenkt und erfreut. Der Überfluss an Speisen und Getränken war, ist und bleibt ein Merkmal des Segens und Wohlergehens für den Menschen, der von Gott als Leib-Seele-Geist Einheit geschaffen wurde.

Bereits im ersten Paradies gab der Schöpfer unseren Ureltern verschiedenartige Früchte für den Gaumengenuss. Noch war der Mensch sündlos und nicht sterblich. Vermutlich brauchte er deshalb auch die Speisen nicht, um am Leben zu bleiben. Wir können also annehmen, dass das Essen und Trinken vor dem Sündenfall ausschließlich für den Sinnesgenuss des Menschen gedacht und bestimmt war. Gott legte von Anfang an Wert auf einen vielfältigen und abwechslungsreichen Speiseplan für den Menschen.

*Und Gott der HERR ließ aufwachsen aus der Erde **allerlei Bäume, verlockend anzusehen und gut zu essen**,... ¹⁶ Und Gott der HERR gebot dem Menschen und sprach: **Du darfst essen von allen Bäumen im Garten**, ¹⁷ aber von dem Baum der Erkenntnis des Guten und Bösen sollst du nicht essen;* Genesis 2,9.16-17

Sowohl das optische Aussehen der Speisen für das Auge, denn „das Auge isst mit", als auch die Vielfalt im Geschmack für den Gaumen, sind Gottes Plan und gehören zum göttlichen Genussprogramm für den Menschen. Es ist deshalb nicht verwunderlich, dass Jesus Christus während seines Lebens auf dieser Erde Wert auf das Essen legte. Immer wieder sorgte er dafür, dass seine Jünger zu Essen hatten. Er sorgte auch für das leibliche Wohl des Volkes und ließ sie nach einer langen Predigt nicht ohne eine Mahlzeit von sich gehen. Selbst nach seiner Auferstehung waren die Mahlzeiten mit seinen Jüngern für ihn wichtig. Er brach das Brot mit den Emmaus-Jüngern. Bei einer Begegnung mit einer größeren Gruppe seiner Anhänger bat er um etwas zu Essen, als die Jünger immer noch an seiner leiblichen Auferstehung zweifelten.

Als sie aber noch nicht glaubten vor Freude und sich verwunderten, sprach er zu ihnen: Habt ihr hier etwas zu essen? Und sie legten ihm ein Stück gebratenen Fisch vor. Und er nahm's und aß vor ihnen.
Lukas 24,41-43

Der Auferstandene Christus bereitete den müden Jüngern, die eine ganze Nacht erfolglos gefischt hatten, am Ufer des Sees ein Frühstück und lud sie zum Essen ein. Bei diesem Frühstück am See aßen nicht nur die müden Jünger, sondern auch der auferstandene Herr, der bereits in einem unsterblichen, ewigen Körper lebte und das Essen für den Erhalt des Körpers nicht nötig hatte.

Als es dann Tag wurde, stand Jesus am Ufer, doch die Jünger erkannten ihn nicht. »Kinder«, rief er ihnen zu, »habt ihr nicht ein paar Fische für das Frühstück?« – »Nein«, riefen sie zurück, »nicht einen einzigen!« –

> *»Werft das Netz auf der rechten Seite des Bootes aus!«, forderte er sie auf. »Ihr werdet sehen, dass ihr etwas fangt.« ... Als sie aus dem Boot stiegen und an Land gingen, sahen sie ein Kohlenfeuer, auf dem Fische brieten; auch Brot lag dabei. »Bringt ein paar von den Fischen, die ihr eben gefangen habt!«, forderte Jesus sie auf... »Kommt her und esst!«, sagte Jesus... Jesus trat ans Feuer, nahm das Brot und gab es ihnen, und ebenso den Fisch.*
> Johannes 21,5-13, NGÜ

Das Essen und Trinken gehört zum Himmel, weil der Himmel eine reale, konkrete Welt ist. Auch an dieser Stelle muss das falsche, von der griechischen Philosophie beeinflusste Denken der Christen korrigiert werden. Wir haben es eben nicht mit einem Geisterhimmel zu tun, in dem das Essen und Trinken bestenfalls symbolischen, „geistlichen" Charakter haben kann. Im Himmel spielt das Essen und Trinken eine wichtige Rolle. Wenn es auf dieser sündigen, gefallenen Erde Knappheit und Hungersnöte gibt, so gibt es diese im Himmel nicht. Der Himmel ist ein paradiesischer Ort, in dem die Segensgaben Gottes niemals abnehmen. Dort gibt es die Fülle aller Speisen im Überfluss. Und wenn es auf dieser Erde Hungersnot und Knappheit gibt und die Kinder Gottes ihren Vater um Brot bitten, dann öffnet der Vater den Himmel und segnet die Erde mit den Gaben des himmlischen Überflusses. So handelte Gott in der Geschichte Israels. Als sein auserwähltes Volk aus Ägypten auszog und 40 Jahre lang durch die Wüste zog, öffnete der Schöpfer den Himmel und ließ Brot vom Himmel auf sie regnen – und das 40 Jahre lang. Der Psalmist Asaf definiert den Ursprung dieses Brotes in Psalm 78:

> *Und er gebot den Wolken droben und tat auf die Türen des Himmels und ließ Manna auf sie regnen zur Speise und gab ihnen Himmelsbrot. Brot der Engel aßen sie alle, er sandte ihnen Speise in Fülle.*
> Psalm 78,23-25

Laut Asaf aßen die Israeliten in der Wüsste dasselbe Brot, das auf dem Speisplan der Engel im Himmel stand und in der paradiesischen Welt den Gaumen der unsterblichen Engel erfreute. Es muss dem aufmerksamen Bibelleser auffallen, dass die Bibel häufig vom Essen und Trinken spricht, wenn sie den Himmel beschreibt. Es steht außer Zweifel, dass Jesus die Person war, die am besten über den Himmel informiert war. Deshalb ist besonders interessant und wichtig zu sehen, was er über den Himmel zu sagen hatte. Es ist auffällig, dass in den Himmelsschilderungen von Jesus, sehr oft von der Tischgemeinschaft und vom Essen und Trinken im Himmel die Rede ist. Seinen zwölf Jüngern machte der Herr eine erstaunliche Zusage:

> *Und ich will euch das Reich zueignen, wie mir's mein Vater zugeeignet hat, dass ihr essen und trinken sollt an meinem Tisch in meinem Reich und sitzen auf Thronen und richten die zwölf Stämme Israels.*
> Lukas 22,29-30

Doch nicht nur den ersten zwölf Jüngern machte Jesus die Zusage, dass ihnen bei dem himmlischen Festessen besondere Ehre zuteilwird. Jeder treue Knecht wird bei dem himmlischen Festdinner besonders geehrt und von Jesus selbst bedient werden. Das mag für uns unvorstellbar klingen, aber der Herr wird es sich nicht nehmen lassen, uns zu dienen – so wie beim letzten Passafest mit seinen Jüngern.

Selig sind die Knechte, die der Herr, wenn er kommt, wachend findet. Wahrlich, ich sage euch: Er wird sich schürzen und wird sie zu Tisch bitten und kommen und ihnen dienen.
Lukas 12,37

Beziehungen und Gemeinschaft sind besonders schön in familiärer Atmosphäre, am Tisch mit dem Vater und den Geschwistern. Vergessen wir nicht, der Himmel ist das Haus des Vaters und alle erlösten Menschen im Himmel sind Gottes Söhne und Töchter. Keine Feier, kein Fest wird im Himmel ohne Festessen und Tischgemeinschaft ablaufen. Jesus hat oft von diesen himmlischen Festen gesprochen. Er sagte darüber unter anderem:

Aber ich sage euch: Viele werden kommen von Osten und von Westen und mit Abraham und Isaak und Jakob im Himmelreich zu Tisch sitzen;
Matthäus 8,11

Jesus hat mit seinen Jünger nur einmal auf dieser Erde das Abendmahl gefeiert und zwar am Abend vor seinem Tod. Doch er sagte ihnen damals schon, dass es eine Fortsetzung des Abendmahls im Himmel gibt:

Ich sage euch aber, dass ich von nun an nicht mehr von diesem Gewächs des Weinstocks trinken werde bis zu jenem Tag, da ich es neu mit euch trinken werde in dem Reich meines Vaters.
Matthäus 26:29

Wenn wir also heute das Abendmahl feiern, dann feiern wir es in freudiger Erwartung des kommenden Abendmahlfestes in Gottes Neuer Welt, in der unmittelbaren Gegenwart von Jesus, dem wahren Lamm Gottes, das uns durch seinen Tod von unseren Sünden erlöst hat. Auch dort, in dem Reich des Vaters, werden wir mit Jesus zusammen von dem *Gewächs des Weinstocks* trinken. Diese Verheißung des Herrn ist ein weiterer Hinweis darauf, dass der Himmel eine konkrete Welt ist, in der Weinstöcke wachsen, Weintrauben geerntet und Wein gekeltert und getrunken wird.

Immer wenn wir in dieser alten Welt ein schönes, harmonisches Geburtstagsfest oder Weihnachtsfest mit der Familie oder erweiterten Verwandtschaft feiern, mit leckeren Speisen und Getränken, in einer fröhlichen Atmosphäre – dann sollten wir an den Himmel denken – so schön, nur tausendfach verstärkt wird es im Himmel sein. Auch der Bericht des Johannes über Gottes Neue Welt lässt keine Zweifel hinsichtlich der himmlischen Gaumengenüsse zu: im Himmel wird viel und gerne gegessen und getrunken.

Der Engel zeigte mir auch einen Strom, der wie Kristall glänzte; es war der Strom mit dem Wasser des Lebens. Er entspringt bei dem Thron Gottes und des Lammes [2] *und fließt die breite Straße entlang, die mitten durch die Stadt führt. An beiden Ufern des Stroms wächst der Baum des Lebens.*

Zwölfmal im Jahr trägt er Früchte, sodass er jeden Monat abgeerntet werden kann, und seine Blätter bringen den Völkern Heilung.
Offenbarung 22,1-2; NGÜ

Die breite Prachtstraße entlang des Stromes des Lebens wird eine der beliebtesten Straßen im Neuen Jerusalem sein. Hier im Schatten der Bäume des Lebens wird man sich treffen, hier auf den prächtigen Alleen am Fluss, wird man spazieren gehen, die Früchte der Bäume des Lebens genießen und vom Wasser des Lebens trinken. Dieser Baum des Lebens ist frei zugänglich und für alle erreichbar. Er ist besonders ertragreich und kann jeden Monat abgeerntet werden. Es scheint so zu sein, dass es diese Baumsorte nur im Neuen Jerusalem geben wird und dass die Völker der Neuen Erde unter anderem deshalb in die Thron- und Regierungsstadt kommen werden, um von diesen Früchten zu genießen.

13
Flora und Fauna im Himmel

Wir haben bereits in Kapitel zwei festgehalten, dass der Himmel auf der Neuen Erde stattfindet. Laut Gottes Wort ist der Himmel in dem wir die ganze Ewigkeit verbringen werden auf der Erde! Eine neue, vollkommene, perfekte Erde, die das erste Paradies bei weitem übertreffen und in den Schatten stellen wird. Gottes neue Welt wird von einer unbeschreiblichen Herrlichkeit erfüllt sein. Paulus behauptet: verglichen mit dieser Herrlichkeit, werden die Leiden dieser Zeit überhaupt nicht ins Gewicht fallen. Der Apostel sagt auch, dass nicht nur wir, die Gläubigen, eine Sehnsucht nach dieser Herrlichkeit haben – sondern die gesamte Schöpfung.

> *Im Übrigen meine ich, dass die Leiden der jetzigen Zeit nicht ins Gewicht fallen, wenn wir an die Herrlichkeit denken, die Gott bald sichtbar machen und an der er uns teilhaben lassen wird.* [19] *Ja, die gesamte Schöpfung wartet sehnsüchtig darauf, dass die Kinder Gottes in ihrer ganzen Herrlichkeit sichtbar werden.* [20] *Denn die Schöpfung ist der Vergänglichkeit unterworfen, allerdings ohne etwas dafür zu können. Sie musste sich dem Willen dessen beugen, der ihr dieses Schicksal auferlegt hat. Aber damit verbunden ist eine Hoffnung:* [21] *Auch sie, die Schöpfung, wird von der Last der Vergänglichkeit befreit werden und an der Freiheit teilhaben, die den Kindern Gottes mit der künftigen Herrlichkeit geschenkt wird.*
> Römerbrief 8,18-22; NGÜ

Die Schöpfung – die Tierwelt und die Pflanzenwelt - wurde für den Menschen geschaffen. Ihm zur Freude und zu seiner Verfügung. Die Schöpfung hat nicht gesündigt – sie konnte nicht sündigen, denn sie verfügt nicht über einen freien Willen, über Selbstbewusstsein oder Selbstbestimmung. Gesündigt hatte nur der Mensch und Gott hat dann wegen des Sündenfalls des Menschen die gesamte Schöpfung unter den Fluch der Sünde gestellt. Unfreiwillig und ohne eigenes Verschulden muss die Schöpfung nun den Fluch der Sünde, die Vergänglichkeit, die Verunstaltung und die Sterblichkeit ertragen. Doch das alles nur bis zu einem gewissen Zeitpunkt: bis zu dem Tag, an dem die Kinder Gottes in all ihrer Herrlichkeit offenbart werden. Welch ein Tag wird das sein, wenn wir in die neue Welt Gottes, auf die Neue Erde umziehen werden und dort das unvorstellbar herrliche Paradies mit einer perfekten, befreiten Schöpfung erleben werden. Und wer oder was sollte da frei werden, wenn nicht die Tierwelt und die Pflanzenwelt. Auch die Flora und die Fauna werden in das herrliche Auferstehungsleben der Kinder Gottes hineingenommen werden. Denn was wäre eine neue ewige Erde ohne Tiere und ohne Pflanzen. Das Millennium ist in gewisser Weise ein Vorstadium des Lebens auf der neuen Erde. Wenn wir die Beschreibungen der Tier- und Pflanzenwelt im Millennium lesen, erhalten wir bereits eine schwache Vorstellung über Flora und Fauna auf der Neuen Erde:

Fürchte dich nicht, liebes Land, sondern sei fröhlich und getrost; denn der HERR kann auch Gewaltiges tun. [22] *Fürchtet euch nicht, ihr Tiere auf dem Felde; denn die Auen in der Steppe sollen grünen und die Bäume ihre Früchte bringen, und die Feigenbäume und Weinstöcke sollen reichlich tragen.* [23] *Und ihr, Kinder Zions, freuet euch und seid fröhlich im HERRN,*

eurem Gott, der euch gnädigen Regen gibt und euch herab sendet Frühregen und Spätregen wie zuvor, ²⁴ *dass die Tennen voll Korn werden und die Keltern Überfluss an Wein und Öl haben sollen.*
Joel 2,21-24

Dann wird die Wüste zum fruchtbaren Lande und das fruchtbare Land wie Wald geachtet werden. ¹⁶ *Und das Recht wird in der Wüste wohnen und Gerechtigkeit im fruchtbaren Lande.* ¹⁷ *Und der Gerechtigkeit Frucht wird Friede sein, und der Ertrag der Gerechtigkeit wird ewige Stille und Sicherheit sein,* ¹⁸ *dass mein Volk in friedlichen Auen wohnen wird, in sicheren Wohnungen und in stolzer Ruhe.*
Jesaja 32,15-18

Das letzte Buch der Bibel spricht in seinen letzten beiden Kapiteln sehr konkret über die Herrlichkeit der Neuen Erde. Unter anderem wird uns in dem letzen Kapitel der Bibel ein Teil der paradiesischen Pflanzenwelt dieser Neuen Erde beschrieben:

Der Engel zeigte mir auch einen Strom, der wie Kristall glänzte; es war der Strom mit dem Wasser des Lebens. Er entspringt bei dem Thron Gottes und des Lammes und fließt die breite Straße entlang, ´die mitten durch die Stadt führt`. An beiden Ufern des Stroms wächst der Baum des Lebens. Zwölfmal ´im Jahr` trägt er Früchte, sodass er jeden Monat abgeerntet werden kann, und seine Blätter bringen den Völkern Heilung.
Offenbarung 22,1-2; NGÜ

Flüsse und Bäume, Früchte für den Gaumengenuss – eine unerschöpfliche Vielfalt für das Auge und für den Gaumen. Der Fluss mit dem Wasser des Lebens spielt eine wichtige Rolle in der Stadt Gottes. Es ist besonderes Wasser mit besonderen Eigenschaften, dass dieser Fluss trägt. Seine Quelle ist der Thron Gottes und des Lammes. Dieser Strom hat bereits auf der alten Erde im Millennium eine Vorschattung. Im Tausendjährigen Reich wird laut Hesekiel ein einzigartiger Fluss aus der südlichen Seitenwand des Millenniumstempels hervorspringen. Wenn das Wasser dieses Flusses das Tote Meer erreichen wird, wird das Tote Meer genesen und voller Leben und Fische werden. Der Strom wird Leben und Gesundheit bringen wo immer sein Wasser hinkommt (Hesekiel 47). Der Strom des Tausendjährigen Reiches ist lediglich ein Hinweis auf den Strom des Lebens im Neuen Jerusalem. Es wird sich wohl auch auf der Neuen Erde kein Fluss mit diesem einzigartigen Strom messen können. An seinen Ufern, und vermutlich exklusiv hier, wächst der Baum des Lebens. Es ist nicht nur ein einzelner Baum, es ist eine Baumart, die an beiden Ufern des Flusses wächst und jeden Monat Früchte trägt. Es ist besondere „Seligkeit" von den Bäumen des Lebens zu essen.

> *Selig sind, die ihre Kleider waschen, dass sie teilhaben an dem Baum des Lebens und zu den Toren hineingehen in die Stadt.*
> Offenbarung 22,14

Über die himmlische Tierwelt wird uns nicht viel verraten. Nur das: *Auch die Schöpfung soll von der Sklaverei und Verlorenheit befreit werden zur Freiheit und Herrlichkeit der Kinder Gottes.* Was das bedeuten wird, erahnen wir schon aus der Beschreibung des 1000-jährigen

Reiches, das noch auf der alten Erde stattfinden wird. Doch ist dieses 1000-jährige Reich, auch Millennium genannt, bereits ein Vorgeschmack auf die Neue Erde und liefert uns eine blasse Vorstellung von Gottes neuer ewiger Welt. Was die Tierwelt angeht, erlebt sie schon im 1000-jährigen Reich eine teilweise Befreiung vom Fluch der Sünde. Jesaja beschreibt das so:

Da werden die Wölfe bei den Lämmern wohnen und die Panther bei den Böcken lagern. Ein kleiner Knabe wird Kälber und junge Löwen und Mastvieh miteinander treiben. 7 Kühe und Bären werden zusammen weiden, dass ihre Jungen beieinander liegen, und Löwen werden Stroh fressen wie die Rinder. 8 Und ein Säugling wird spielen am Loch der Otter, und ein entwöhntes Kind wird seine Hand stecken in die Höhle der Natter. 9 Man wird nirgends Sünde tun noch freveln auf meinem ganzen heiligen Berge; denn das Land wird voll Erkenntnis des HERRN sein, wie Wasser das Meer bedeckt.
Jesaja 11,6-9

Dass es im Himmel Tiere gibt, bestätigt das letzte Buch der Bibel ausdrücklich. Bei der Beschreibung des wiederkommenden Christus werden uns in Kapitel 19 himmlische Pferde genannt. Auf einem dieser Pferde reitet Christus. Auch das gesamte Heer des Himmels, das Christus bei seinem Wiederkommen auf diese Erde folgt, reitet auf weißen himmlischen Pferden (Offenbarung 19,11.14). Auch der alttestamentliche Prophet Elia wurde von einem himmlischen Pferdegespann in den Himmel abgeholt (2 Könige 2,11). Wenn es im Himmel Pferde gibt, warum sollte es dann dort nicht auch all die anderen Vertreter der Tierwelt geben, die Gott zum Leben und nicht für den Tod erschaffen hat. Tiere wurden vor dem Sündenfall erschaffen und waren für ein Leben auf der paradiesischen Erde bestimmt. Sie wurden dem Fluch der Sünde und des Todes ohne eigene Schuld unterworfen, wegen des Menschen, der ihnen als Herrscher vorgesetzt war. Nun werden sie zusammen mit dem Menschen die Herrlichkeit erleben und aus der Knechtschaft der Vergänglichkeit endgültig befreit werden. Und der Mensch wird endlich in der Lage sein, weise und liebevoll über die Schöpfung zu regieren. Wenn uns die Vorstellung von einer himmlischen Tierwelt fremdartig vorkommt, dann hat das sicherlich mit unserer falschen Himmelstheologie zu tun und nicht mit dem biblischen Himmelsbild, dass durchaus Fauna und Flora beinhaltet.

In Gottes neuer ewiger Welt, auf der Neuen Erde und im Neuen Jerusalem, wird sich das ewige Leben in einer unbeschreiblichen Vielfalt, Schönheit, Harmonie und Herrlichkeit abspielen. Es spielt sich in einem irdischen Himmel oder auf einer himmlischen Erde ab – wie wir wollen – beides stimmt! In einer erneuerten wiedergeborenen Schöpfung, in der der Unterschied zwischen Himmel und Erde aufgehoben ist und nicht mehr existiert. Der Himmel ist auf der Erde und die Erde ist im Himmel – die beiden sind miteinander zu einer Einheit verschmolzen. Die Schöpfung, Tier- und Pflanzenwelt, ist endgültig vom Fluch der Vergänglichkeit befreit und ist in die Herrlichkeit der Kinder Gottes hineingenommen.

14

Der Lohn im Himmel

Wenn der Himmel unser Endziel ist und wir den biblischen Himmelsschilderungen glauben, dann wird dieser Glaube Konsequenzen für unser Leben hier und jetzt haben. Dann werden wir uns nicht an das Diesseits klammern und unser Leben als Christen hier auf dieser Erde um jeden Preis und mit allen der Medizin zur Verfügung stehenden Mitteln zu verlängern suchen. Dann werden wir es kaum abwarten können dort anzukommen. Und wir werden für unsere Ankunft im Himmel hier auf dieser Erde vorplanen. Eigentlich hat unser diesseitiges irdisches Leben nur insofern Sinn, wie wir es auf den Himmel ausrichten. Alles, was auf das Diesseits fixiert und begrenzt ist, wird vergehen, wird jede Bedeutung verlieren, wird sterben, wird verbrennen, denn „das Wesen dieser Welt vergeht." Wie können wir aber himmel- und ewigkeitsrelevant leben? Was gilt es zu bedenken und worauf müssen wir uns einstellen, wenn wir die biblischen Himmelsschilderungen ernst nehmen?

Wir werden benotet werden

Ein Christ wird nicht gerichtet. Ein an Jesus gläubiger Mensch kommt nicht vor das Weltgericht Gottes, das nach dem Abschluss der Geschichte dieser Welt stattfinden wird. Jesu Tod am Kreuz war Gottes Gericht für die Sünden der Welt. Und weil Jesus mit seinem Tod unsere Strafe abgebüßt hat, werden wir nicht mehr bestraft. Ob jemand vor dem Welttribunal Gottes erscheinen und von diesem verurteilt werden wird, entscheidet einzig und allein die Frage, ob der

Mensch an Jesus Christus geglaubt hat. Jesus bestätigte diese Tatsache unmissverständlich deutlich:

> *Wer an ihn glaubt, der wird nicht gerichtet; wer aber nicht glaubt, der ist schon gerichtet, denn er glaubt nicht an den Namen des eingeborenen Sohnes Gottes.*
> Johannes 3,18
> *Wahrlich, wahrlich, ich sage euch: Wer mein Wort hört und glaubt dem, der mich gesandt hat, der hat das ewige Leben und kommt nicht in das Gericht, sondern er ist vom Tode zum Leben hindurch gedrungen.*
> Johannes 5,24

Diese Gewissheit ist die Voraussetzung für den Seelenfrieden eines Christen und für seine Freude auf den Himmel und auf die Begegnung mit Gott. Doch obwohl ein Christ keine Verurteilung vom Welttribunal Gottes zu befürchten hat, erwartet ihn dennoch ein Gerichtstag. Bei diesem Gericht wird es nicht mehr um die Frage gehen, ob der Mensch gerettet ist, oder ob er eine Strafe verdient hat. Bei diesem Gerichtstermin geht es um die Ausstellung einer Note für das Leben eines jeden Christen. Dabei wird das Leben eines gläubigen Menschen zwischen dem Tag seiner Bekehrung zu Jesus und dem Tag seines leiblichen Todes bzw. der Entrückung beurteilt und bewertet werden. Jesus Christus selbst wird jedem seiner Nachfolger eine Note ausstellen. Es ist deshalb wichtig, dass wir als Christen mit diesem Termin rechnen und so zu leben bemüht sind, dass wir eine gute Note erhalten. Dass dieser Gerichtstag jedem Christen bevorsteht, wird in der Heiligen Schrift mehrfach ausdrücklich bestätigt. So warnt Paulus seine Leser im Römerbrief davor, einander zu richten, weil das nicht unsere Aufgabe und nicht unser Recht ist. Diese Aufgabe wird Christus übernehmen:

Denn Christus ist gestorben und lebendig geworden, um Herr zu sein über Tote und Lebende. ¹⁰ Wie kannst also du deinen Bruder richten? Und du, wie kannst du deinen Bruder verachten? Wir werden doch alle vor dem Richterstuhl Gottes stehen. ¹¹ Denn es heißt in der Schrift: So wahr ich lebe, spricht der Herr, vor mir wird jedes Knie sich beugen, und jede Zunge wird Gott preisen. ¹² Also wird jeder von uns vor Gott Rechenschaft über sich selbst ablegen.
Römer 14,9-12

Der Apostel redet hier in der „wir"-Form. Er spricht also von Christen und bezieht sich selbst mit ein. Eines Tages werden wir vor Gottes Richterstuhl erscheinen und Rechenschaft für unser Leben als Christen ablegen. Und zwar ein jeder für sich selbst und nicht für den anderen. Es ist daher falsch, wenn wir versuchen diese Aufgabe hier bereits selbst in unsere Hand zu nehmen. Dann greifen wir in Gottes Amt ein. Auch an die Korinther richtet Paulus die Botschaft, dass dieser Tag kommen wird und dass Christen auf diesen Termin vorbereitet sein sollen.

Weil wir aber zuversichtlich sind, ziehen wir es vor, aus dem Leib auszuwandern und daheim beim Herrn zu sein. ⁹ Deswegen suchen wir unsere Ehre darin, ihm zu gefallen, ob wir daheim oder in der Fremde sind. ¹⁰ Denn wir alle müssen vor dem Richterstuhl Christi offenbar werden, damit jeder seinen Lohn empfängt für das Gute oder Böse, das er im irdischen Leben getan hat.
2 Korinther 5,8-10

An dieser Stelle ist der objektive Realismus der Bibel deutlich zu erkennen. Auch ein Christ kann leider noch Böses tun und tut es auch im Laufe seines Christenlebens, oft zum Leidwesen seiner selbst und seiner Mitchristen. Diese Tatsache macht es ungläubigen Menschen oft schwer den Glauben anzunehmen. Sie schauen auf die Fehler und Versagen von Christen und können Theorie und Praxis der christlichen Lehre nicht zusammenbringen. Wenn wir ehrlich sind, dann müssen wir zugeben, dass auch uns, Christen, diese Tatsache sehr viel Mühe bereitet. Wir haben Mühe mit uns selbst, weil wir unsere schlechten Taten gerne vermieden hätten und doch feststellen müssen, dass uns das nicht immer gelingt. Und wir haben Mühe mit unseren Brüdern und Schwestern, die als Christen Böses tun bzw. anderen durch ihr Verhalten eher ein Hindernis als eine Hilfe im Glaubensleben sind. Leider gibt es auch in christlichen Gemeinden schlechtes Benehmen, böse Taten, die andere verletzen und das Gemeindeleben stören und manchmal sogar zerstören. All diese Dinge müssen geklärt und zurechtgebracht werden vor dem Richterstuhl Christi.

Das Wort „böse", das an dieser Stelle verwendet wird, ist nicht das übliche griechische Wort, das das Böse beschreibt. Es ist das Wort „faulos", das nur sechs Mal im Neuen Testament verwendet wird. Es kann auch mit „schlecht" oder „wertlos" übersetzt werden. Auch Christen können schlechte, faule und wertlose Dinge tun, leider. Kann es auch sein, dass ein Christ sein gesamtes Leben als gläubiger Mensch „schlecht" bzw. „wertlos" im Hinblick auf das Reich Gottes und die Ewigkeit verlebt? Offensichtlich gibt es das leider in der Realität auch! Es gibt Christen, die sind Vorbilder für andere, sie opfern sich für Christus und seine Gemeinde auf, tun Gutes und sind vielen Menschen ein Segen. Manche werden verfolgt und bezahlen für ihren Glauben mit Gefängnis und Tod. Wiederum andere leben ein Leben, das sich kaum von dem eines Nichtchristen unterscheidet. Sie leben für sich und ihre egoistischen, irdischen Ziele. Haben kaum Zeit für den Dienst am Nächsten, sind oft lieblos und den Nichtchristen eher ein Hindernis, als eine Hilfe, auf dem Weg zu Gott. Wiederum andere richten immer wieder Zank und Streit an in der Gemeinde, können nicht vergeben und sind rechthaberisch. Sie sorgen für Spannungen und Missverständnisse in den Gemeinden und manchmal für Spaltungen von Gemeinden. Nicht immer sind die Motive von Christen selbstlos und sauber und auch die scheinbar „geistlichsten" Dienste werden leider manchmal zur Selbstverherrlichung und Selbstdarstellung, statt zur Christusverherrlichung, verrichtet.

Manche Christen denken fälschlicherweise, dass es im Himmel absolut keinen Unterschied mehr ausmachen wird, wie ein Christ sein Leben auf dieser Erde gelebt hat. Ob und wie er Gott gedient hat, ob er sich in der Gemeinde und der Mission eingesetzt hat, oder nicht, ob er als Christ aktiv oder passiv war, ob er seine Möglichkeiten und Talente für den Herrn und sein Reich investiert hat oder nur für sich und diese vergängliche Welt gelebt hat. All dieses, so wird gemutmaßt, wird im Himmel unerheblich sein. Denn in seiner Gnade und Barmherzigkeit wird Gott uns alle gleich behandeln und belohnen. Doch dieses Denken ist ein fataler Irrtum mit verhängnisvollen, ewigen Folgen! Dieses Denken blendet die Eigenverantwortung des geretteten Menschen für sein Leben als Christ vollständig aus. Es ist zwar wahr, dass alle Christen allein durch die Gnade Gottes im Himmel sein und das ewige Leben in Gottes Herrlichkeit völlig unabhängig von ihrer Leistung und ihren Werken genießen werden. Doch bedeutet das unschätzbare Geschenk der Gnade nicht, dass unser Leben und Handeln als Gläubige keine Bedeutung mehr in Gottes Neuer Welt haben wird, oder dass wir im Himmel alle die Note „eins" für unser Leben als Christen erhalten werden. Die Benotung wird unterschiedlich ausfallen. Und zwar entsprechend unseren „christlichen" Werken, die wir getan haben oder versäumt haben zu tun. Diese Werke können gut, oder auch böse gewesen sein. Sie können Christus verherrlicht und geehrt haben. Oder ihm Unehre und Schande gebracht haben. Sie können wertvoll, oder aber faul, nutzlos und wertlos für Gott und die Ewigkeit gewesen sein. Es wird im Himmel leider auch Christen geben, die zwar gerettet sind, für ihr Leben als Christen aber die Note „mangelhaft" bzw. „schlecht" erhalten werden. In seinem ersten Brief an die Korinther klärt Paulus die Gläubigen darüber auf.

> *Denn einen anderen Grund kann niemand legen außer dem, der gelegt ist, welcher ist Jesus Christus. 12 Wenn aber jemand auf den Grund Gold, Silber, kostbare Steine, Holz, Heu, Stroh baut, 13 so wird das Werk eines jeden offenbar werden, denn der Tag wird es klarmachen, weil er in Feuer geoffenbart wird. Und wie das Werk eines jeden beschaffen ist, das wird das Feuer erweisen. 14 Wenn jemandes Werk bleiben wird, das er darauf gebaut hat, so wird er Lohn empfangen; 15 wenn jemandes Werk verbrennen wird, so wird er Schaden leiden, er selbst aber wird gerettet werden, doch so wie durchs Feuer.* 1 Korinther 3,11-15

Hier geht es um Christen, um Mitarbeiter im Reich Gottes. Sie bauen auf dem bereits gelegten Fundament. Dieses Fundament ist das Erlösungswerk des Herrn Jesus Christus. Der Herr hat jeden Christen dazu berufen, an seinem Reich mitzubauen. Dafür hat er jedem geistliche Gaben und natürliche Fähigkeiten, wie Talente, Kraft, Gesundheit, Zeit, Geld und andere Mittel gegeben. Am Ende, wenn der gläubige Christ vor dem „Benotungsgericht" Gottes erscheint, wird der Herr die Qualität der Bausubstanz untersuchen und bewerten.

Die Bausubstanz des einen wird wertvoll sein, eben aus „Gold, Silber oder Edelsteinen." Dieser Christ wird für sein „Lebenswerk" von Christus belohnt werden. Die Lebensleistung des anderen wird hingegen wertlos sein, sie wird sich in den Augen des Herrn als unbrauchbar erweisen. Dieser Mensch wird nicht belohnt werden. Er wird vielmehr Schaden nehmen. Er wird einen Verlust zu verkraften haben. Dieser Mensch wird von dem Herrn für sein Lebenswerk als Christ kein Lob, sondern einen Tadel hören müssen. Es wird ein enormer Verlust für diesen Menschen sein, der auch sein Leben in der Ewigen Welt Gottes beeinflussen wird. Obwohl er selbst gerettet sein wird, doch so, „wie durchs Feuer" hindurch. Er kommt sozusagen völlig abgebrannt im Himmel an und zwar allein durch sein eigenes Verschulden. In seinem Buch „Deine Belohnung in der Ewigkeit – Triumph oder Tränen am Richterstuhl des Christus?" schreibt Erwin W. Lutzer, Pastor der Moody Church in Chicago:

„Für die meisten Christen gehören Tränen und Himmel nicht zusammen....Doch ich meine dass es gute Gründe für Tränen im Himmel gibt. Wenn wir darüber nachdenken, wie wir für Jesus leben, der uns für den höchstmöglichen Preis überhaupt erkauft hat, dann haben wir jenseits der Himmlischen Tore sicherlich Grund zum Weinen. Wir werden weinen, weil wir uns schämen, weil wir bereuen, dass wir selbstsüchtig gelebt haben... Vielleicht würden wir nie aufhören zu weinen, wenn nicht Gott selbst käme und uns die Tränen abwischen würde...

Es stimmt, dass diejenigen, die sich allein auf Christus verlassen, wenn es um ihre Errettung geht, ewige Vergebung haben und von Rechts wegen vor Gott vollkommen sind. Wir werden nicht mehr verdammt, sondern sind „aus dem Tod in das Leben hinübergegangen" (1 Johannes 3,14). Wir kommen angetan mit der Gerechtigkeit Christi, in den Himmel. Wir werden aufgrund seines Werkes angenommen. Dieser Tatsache müssen alle Christen zustimmen. Aber – und das ist wichtig – wir sollten daraus nicht schließen, dass jeder Christ beim Richterstuhl Christi gut wegkommt. Es kann sein, dass wir ernsthafte Verluste erleiden, und viele von uns werden beschämt vor Christus stehen, wenn unser Leben an uns vorüberzieht. ...Das Geschehen am Richterstuhl Christi hat ewige Folgen.

Es gibt verschiedene Arten der Strafe in der Hölle und verschiedene Arten der Belohnung im Himmel. Das heißt nicht, dass im Himmel zwischen Reichen und Habenichtsen unterschieden wird. ... Doch wir werden nicht alle die gleichen Vorrechte genießen, denn unser Leben hier auf Erden wird Auswirkungen auf unser Leben in der Ewigkeit haben."

Schätze für den Himmel sammeln

Diese Lehre der Bibel wird häufig völlig unterbetont und vernachlässigt. Die Frage der Belohnung ist aber wichtiger als wir meinen. Das Neue Testament ist voller Hinweise und Ermutigungen für Gläubige, sich auf die Belohnung zu freuen und danach zu streben. So ermutigt Jesus Menschen, die Verfolgung für ihren Glauben erleben, sich auf die Belohnung zu freuen:

> *Freut euch und jubelt, denn euer Lohn ist groß in den Himmeln; denn ebenso haben sie die Propheten verfolgt, die vor euch waren.*
> Matthäus 5,12

Jesus vertrat nicht die Meinung, dass der Mensch nichts in den Himmel mitnehmen kann. Im Gegenteil. Er motivierte seine Nachfolger so zu leben, dass sie möglichst viel dorthin mitnehmen, bzw. von hier aus auf ihr himmlisches Konto überweisen. Er sprach von Schätzen, von Reichtümern, die man nicht hier anhäufen, sondern bereits jetzt schon im Himmel sammeln sollte.

Ihr sollt euch nicht Schätze sammeln auf Erden, wo sie die Motten und der Rost fressen und wo die Diebe einbrechen und stehlen. [20] Sammelt euch aber Schätze im Himmel, wo sie weder Motten noch Rost fressen und wo die Diebe nicht einbrechen und stehlen.
Matthäus 6:19-20

Es ist also möglich hier und jetzt bereits für den Himmel vorzusorgen und dort Schätze, ein wertvolles Guthaben anzusammeln. Die Logik dieser Lebensweise liegt darin, dass der im Himmel angesammelte Reichtum in Sicherheit ist und keiner Gefahr durch Diebe, Motten, Rost, Inflation, Entwertung oder Enteignung ausgesetzt ist. Die Schätze unseres Lebens werden für uns im Himmel sicher aufbewahrt, bis wir dort eintreffen. Und sie werden uns eine ganze Ewigkeit hindurch begleiten, erfreuen und bereichern.

Doch wie kann ein Christ Schätze im Himmel sammeln? Auch in dieser Frage sind wir nicht ohne eine Anleitung von Jesus geblieben. Er gibt uns ganz praktische Tipps und konkrete Vorschläge, wie dieses Sammeln aussehen kann. Zum einen durch das Geben. Das Opfern und Spenden von Geld und Gütern, die wir von Gott anvertraut bekommen, ist ein einfacher und praktischer Weg Schätze im Himmel zu sammeln.

Verkauft eure Habe und gebt Almosen; macht euch Beutel, die nicht veralten, einen unvergänglichen Schatz in den Himmeln, wo kein Dieb sich naht und keine Motte zerstört!
Lukas 12:33

Wir sind schnell dazu geneigt den Lohn im Himmel mit öffentlichen Ämtern, großen Leistungen berühmter Missionare oder Evangelisten, oder bekannten Märtyrern zu verbinden. Sehr schnell schwindet dann die Motivation selbst aktiv zu werden, weil man sich nicht in der Lage sieht zu solchen Höhen aufzusteigen. Doch Gottes Maßstäbe sind anders. Es geht nicht um die Größe der Leistung, um ein Amt oder um ein „weltbewegendes" Werk. Es geht Gott um die Treue im Kleinen. Ein jeder hat Gaben erhalten. Gott möchte, dass wir sie treu verwalten und für die Förderung seines Reiches einsetzen. Die Chancen sind für alle absolut gleich. Jeder hat die Möglichkeit, die beste Note und den größten Lohn zu erhalten. Die Erklärung Jesu dazu ist überraschend, ernüchternd und verblüffend zugleich:

Wer einen Propheten aufnimmt in eines Propheten Namen, wird eines Propheten Lohn empfangen; und wer einen Gerechten aufnimmt in eines Gerechten Namen, wird eines Gerechten Lohn empfangen. Und wenn jemand einem dieser Geringen nur einen Becher kalten Wassers zu trinken gibt in eines Jüngers Namen, wahrlich, ich sage euch, er wird seinen Lohn gewiss nicht verlieren.
Matthäus 10,41-42

Wer würde nicht gerne den Lohn eines großen Propheten erhalten! Den eines Elia oder Elisa, Jesaja oder Jeremia. Doch wer von uns kann sich schon mit diesen

Männern vergleichen? Wer kann solche Wunder wirken, wie Elia oder Elisa? Wer kann so unerschrocken vor Könige treten und sie im Namen Gottes zurechtweisen, wie diese Männer? Doch Jesus sagt, gar kein Problem. Du bist kein Prophet, hast weder die Gabe, noch die Berufung dazu. Aber du hast ein freies Bett in deinem Haus. Dann könntest du einem Propheten Gastfreundschaft erweisen und ihn bei dir beherbergen. Im Himmel kriegst du dann den gleichen Lohn wie der Prophet. Jesus spielt hier auf die Witwe aus Zarpat und auf eine Frau aus Schunem an. Elia war zur Zeit einer Hungersnot in die Gegend von Zarpat gekommen und bat eine arme Frau um etwas Brot und Wasser. Und obwohl die Witwe nur noch eine Handvoll Mehl übrig hatte, teilte sie das letzte, was sie besaß, mit dem Propheten. Gott belohnte die Opferbereitschaft der Frau, die keine Jüdin war. Er versorgte sie auf übernatürliche Weise mit Öl und Mehl, bis die Hungersnot vorüber war. Sie nahm Elia in ihr Haus auf und versorgte ihn solange, bis die Zeit der Trockenheit vorbei war.

Auch der Prophet Elisa genoss regelmäßig die Gastfreundschaft einer Familie. Bei ihm war es keine arme Witwe, die dem Propheten Gastfreundschaft erwies, sondern eine reiche, verheiratete Frau aus der Stadt Schunem. Zunächst lud sie ihn immer zum Essen ein, wenn er in ihrer Stadt war. Doch dann wollte sie ihm mehr Gastfreundschaft erweisen:

Sie aber sagte zu ihrem Mann: Ich weiß, dass dieser Mann, der ständig bei uns vorbeikommt, ein heiliger Gottesmann ist. Wir wollen ein kleines, gemauertes Obergemach herrichten und dort ein Bett, einen Tisch, einen Stuhl und einen Leuchter für ihn bereitstellen. Wenn er dann zu uns kommt, kann er sich dorthin zurückziehen. 2 Könige 4,9-10

Elisa hatte nun in Schunem ein Haus, in das er immer einkehren konnte, wenn er in der Gegend unterwegs war. Er hatte dort sei eigenes Zimmer, das immer für ihn bereitstand und er wusste, dass er bei dieser Familie willkommen war. Diese beiden Frauen veranschaulichen sehr praktisch, wie man Schätze im Himmel sammeln kann. Sowohl eine arme heidnische Witwe wie auch eine reiche, verheiratete jüdische Frau, haben jeweils einem Propheten Gastfreundschaft erwiesen. Beide haben nur das getan, wozu sie in der Lage waren. Mit den Mitteln, die ihnen zur Verfügung standen. Es war nichts außergewöhnlich Weltbewegendes. Viele Nachbarn dieser Frauen hätten dasselbe tun können. Doch diese Frauen, so versichert uns Jesus, haben sich den Lohn eines Elia bzw. Elisa im Himmel gesichert: *Wer einen Propheten aufnimmt in eines Propheten Namen, wird eines Propheten Lohn empfangen.*

Gottes Bedingungen für das Schätze sammeln im Himmel haben sich nicht geändert. Wir haben zwar heute keine Propheten wie Elia und Elisa, die bei uns vorbekommen könnten. Aber wir haben Missionare auf Heimaturlaub, die eventuell für eine befristete Zeit ein Zimmer, eine Wohnung oder ein Auto benötigen. Wir haben Evangelisten und Prediger, Pastoren, Diakone und Radio Verkündiger, Kranke und Einsame, Witwen und Waisen, Arme und Bedürftige Menschen. Wir liegen bestimmt nicht falsch, wenn wir die Worte Jesu auf unsere Zeit anwenden. Dann könnte die Fortsetzung von Matthäus 10 in etwa so lauten:

Wer einen Missionar aufnimmt, weil er ein Missionar ist, wird den Lohn eines Missionars empfangen; und wer einen Prediger aufnimmt, weil er ein Prediger ist, wird den Lohn eines Predigers empfangen; wer einen Missionar finanziell unterstützt wird auch den Lohn eines Missionars empfangen. Und wenn jemand eine Witwe besucht und tröstet, oder ihr im Haushalt hilft, einen Kranken besucht und mit ihm betet, ein Waisenkind adoptiert oder eine Patenschaft übernimmt und ein armes Kind mit Kleidung und Nahrung versorgt, wer einem Drogenabhängigeren eine Perspektive zeigt und für ihn und mit ihm betet, oder wer diesen Geringen auch nur einen Becher kalten Wassers zu trinken gibt, wahrlich, ich sage euch, er wird seinen Lohn gewiss nicht verlieren.

Es ist also nicht entscheidend, ob man viel oder wenig begabt ist. Ob man große oder nur durchschnittliche Talente besitzt. Ob man reich oder arm ist. Ob man Ansehen genießt, oder zu den benachteiligten Schichten in der Gesellschaft zählt. Bei Gott haben alle die gleichen Chancen auf den gleichen Lohn. Jeder muss nur die Mittel einsetzen, die ihm zur Verfügung stehen. Gottes Gerechtigkeit wird für den vollen Lohnausgleich sorgen. Es kommt auf die Treue im Kleinen und auf die richtige Herzenshaltung an.

15

Wo ist, wer nicht im Himmel sein wird?

Bleibt noch die Frage nach dem anderen Ort der Ewigkeit. Wo bleiben die Menschen, die Christus als Retter abgelehnt haben, die ein gottloses Leben für sich gewählt haben? Wohin gehen sie nach ihrem leiblichen Tod? Das Thema ist unangenehm und aufwühlend. Auch in christlichen Kirchen und Denominationen wird heute kaum noch über die ewige Hölle gelehrt oder gepredigt. Die Lehre von der Allversöhnung hat gegenwärtig im Mainstream-Christentum die biblische Lehre von der ewigen Hölle ersetzt. Nach dieser Lehre werden am Ende dank der Güte Gottes alle gerettet sein – der letzte, der das „symbolische" Feuer der Hölle verlässt, ist der Teufel. Eine andere Version der modernen Theologie besagt, dass die Existenz der Gottlosen nach deren leiblichem Tod einfach ausgelöscht wird. Der Gedanke einer ewigen Hölle erscheint dem „toleranten" Geist des postmodernen Menschen unerträglich und antiquiert.

Doch es wäre fatal, wenn dieses Buch den Eindruck erwecken sollte, *„wir kommen alle, alle in den Himmel."* Die Bibel macht es sowohl im Alten wie auch im Neuen Testament durchgehend deutlich: es gibt für den Menschen zwei Wege und zwei Ziele. Entweder wir wählen den Weg des Lebens mit Gott, unter seiner Herrschaft, mit dem Endziel der Herrlichkeit in Gottes Gegenwart – dem ewigen Himmel. Oder wir wählen den Weg des Todes ohne und damit gegen Gott, unter der Herrschaft Satans, mit dem Endziel des ewigen Verlorenseins und Verderbens, für ewig von der Gegenwart Gottes abgeschnitten – die ewige Hölle.

Heute leben wir in einer „gemischten" Welt. Gut und Böse existieren nebeneinander. Wahrheit und Lüge erheben den Anspruch auf unsere Aufmerksamkeit und Akzeptanz. Freunde und Feinde Gottes leben heute Seite an Seite auf Nachbarschaft miteinander und teilen sich eine Welt. Menschen, die Gott anbeten und Menschen, die Gott ablehnen und verachten, leben auf einer gemeinsamen Erde und genießen gleichermaßen die Sonne und den Regen des Himmels, erleiden dieselben Nöte, Krankheiten, Kriege und Katastrophen. Die Grenzen zwischen Gut und Böse sind nicht immer deutlich zu erkennen, die Trennungslinie zwischen den Freunden und den Feinden Gottes bleibt oft unsichtbar. Für uns Menschen. Aber nicht für Gott.

Doch die „gemischte" Welt ist kein Dauerzustand. Sie ist eine Anomalie, eine Ausnahmesituation, die nur mit der Barmherzigkeit und Gnade Gottes zu erklären ist, *"welcher will, dass allen Menschen geholfen werde und sie zur Erkenntnis der Wahrheit kommen"* (1 Timotheus 2,4). Dieser Zustand ist vorübergehend. Er ist zeitlich befristet. Wenn die Zeit der Gnade abgelaufen ist und das Gericht gehalten wurde, wird es eine klare und ewige Trennung zwischen Licht und Finsternis, zwischen der Welt des Bösen und der Welt des Guten, zwischen den Anbetern Gottes und den Leugnern Gottes geben. Und diese Trennungslinie wird in alle Ewigkeit nicht mehr überschritten werden können.

Schon zu dem alttestamentlichen Propheten Maleachi sagte der Herr:

„Ihr werdet am Ende doch sehen, was für ein Unterschied ist zwischen dem Gerechten und dem Gottlosen, zwischen dem, der Gott dient, und dem, der ihm nicht dient. [19] Denn siehe, es kommt ein Tag, der

brennen soll wie ein Ofen. Da werden alle Verächter und Gottlosen Stroh sein, und der kommende Tag wird sie anzünden, spricht der HERR Zebaoth, und er wird ihnen weder Wurzel noch Zweig lassen. 20 Euch aber, die ihr meinen Namen fürchtet, soll aufgehen die Sonne der Gerechtigkeit und Heil unter ihren Flügeln. Und ihr sollt herausgehen und springen wie die Mastkälber."
Maleachi 3,18-20

Die Trennung wird nach dem Weltgericht endgültig und ewig sein. Es wird danach keinerlei Berührung mehr zwischen beiden Welten geben. Die Welt des Guten ist die Welt Gottes und diese wird Himmel, Herrlichkeit und Paradies genannt. Die Welt des Bösen ist die Welt der Finsternis, in der Gott und damit das Gute und Helle und Erfreuliche absolut fehlt. Gott ist in dieser Welt nicht erreichbar. Diese Welt bzw. Unterwelt wird in der Bibel der Feuersee und der Zweite Tod genannt. Volkstümlich heißt dieser Ort „Hölle". Die Bibel sagt uns, dass dieser Feuersee nicht für den Menschen vorbereitet wurde, sondern für den Satan und die anderen gefallenen Engel, die Dämonen. Denn die gefallenen Engel, zu denen auch der Teufel gehört, sind unerlösbar. Sie waren in der unmittelbaren Herrlichkeit Gottes und haben den Allmächtigen von Angesicht gesehen. Sie haben ihre Entscheidung im Himmel im Angesicht der Herrlichkeit des heiligen Gottes gegen ihren Schöpfer getroffen und damit ihr Verderben unumkehrbar gemacht.

Nicht so der Mensch. Er hat Gott noch nie unmittelbar in seiner ganzen Heiligkeit und Herrlichkeit gesehen. Er hat nur „vom Hörensagen" von Gott vernommen. Er wurde vom Satan verführt und hat die gefallene Natur der Sünde automatisch von seinen Ureltern geerbt. Deshalb erhält der

Mensch durch die Barmherzigkeit und Menschenliebe Gottes die Chance der Erlösung und der Rettung. Der Mensch darf umkehren vom Weg des Todes auf den Weg des Lebens. Doch der Mensch selbst, und zwar jeder einzelne für sich, muss eine Entscheidung treffen – für Gott, oder gegen Gott. Und diese Entscheidung des Menschen bestimmt über sein ewiges Schicksal.

Der Mensch hat also sein ewiges Schicksal in seiner eigenen Hand. Nicht, dass der Mensch von sich aus die Macht dazu gehabt hätte. Gott gab ihm diese Entscheidungsfreiheit, weil er ihn als Person nach seinem Bilde geschaffen hat und respektiert. Gott öffnete dem Menschen in Jesus Christus den Weg in den Himmel und ruft ihn nun zur Umkehr auf. Aber Gott, der die Liebe ist, zwingt keinen zur Umkehr. Gott will nur freiwillige Anbeter haben.

> *Suchet den HERRN, solange er zu finden ist; ruft ihn an, solange er nahe ist. Der Gottlose lasse von seinem Wege und der Übeltäter von seinen Gedanken und bekehre sich zum HERRN, so wird er sich seiner erbarmen, und zu unserm Gott, denn bei ihm ist viel Vergebung.*
> Jesaja 55,6-7

> *Und nun, du Menschenkind, sage dem Hause Israel: Ihr sprecht: Unsere Sünden und Missetaten liegen auf uns, dass wir darunter vergehen; wie können wir denn leben? So sprich zu ihnen: So wahr ich lebe, spricht Gott der HERR: Ich habe kein Gefallen am Tode des Gottlosen, sondern dass der Gottlose umkehre von seinem Wege und lebe. So kehrt nun um von euren bösen Wegen. Warum wollt ihr sterben, ihr vom Hause Israel?*
> Hesekiel 33,10-11

Zwei Gründe für die Notwendigkeit einer Hölle

Der eigentliche und allerwichtigste Grund für die Hölle ist die Liebe Gottes. Das klingt paradox, ist es aber nicht. Weil Gott die Liebe ist, kann er niemanden zwingen ihn zu lieben. Das verstehen wir auch, wenn wir uns den menschlichen Erfahrungsbereich anschauen. Nehmen wir an, ein junger Mann liebt ein Mädchen und macht ihm ein Heiratsangebot. Doch das Mädchen lehnt ab und verschmäht die Liebe des um sie werbenden Mannes. Das geschieht ein Mal, zwei Mal, drei Mal. Irgendwann wird der junge Mann aufgeben. Selbst wenn er die Möglichkeit hätte sie zu einer Ehe mit ihm zu zwingen, wird er das nicht tun, wenn er sie wirklich liebt. Er weiß, dass eine Zwangsehe niemals eine glückliche Ehe sein kann. Er wird zwar sehen, dass der andere Liebhaber der jungen Frau ein Betrüger ist, dass er sie ins Unglück stürzen wird. Er wird sie vor dieser Ehe warnen. Aber wenn das Mädchen selbst die Entscheidung getroffen und den Betrüger geheiratet hat, kann sie am Ende nicht den ersten Liebhaber für ihre „Ehehölle" und ihr Unglück verantwortlich machen. Der erste Liebhaber wird beim Anblick dieser „Ehehölle" zwar leiden, aber er wird daran nichts mehr ändern können. Das ist das Dilemma einer verschmähten Liebe.

Es ist also die Liebe Gottes, die eine Hölle erforderlich macht. Niemand liebt den Menschen so sehr, so intensiv, so grenzenlos, wie Gott. Der Schöpfer wirbt mit seiner Liebe um den Menschen, liefert ihm Beweise seiner Liebe und beschenkt ihn mit den Freuden des Lebens, mit den Geschenken seiner Güte und Barmherzigkeit. Gott geht in seiner Liebe schließlich aufs Äußerste – der Vater opfert seinen geliebten Sohn für den Menschen und liefert so den ultimativen Beweis seiner Liebe. Mehr kann auch Gott nicht tun. Er hofft wie ein Liebhaber auf die Gegenliebe des Menschen. Weil er die Liebe in Person ist, kann und wird Gott den Menschen niemals zwingen ihn zu lieben.

Doch was soll Gott tun, wenn der Geliebte seine Liebe nicht erwidert? Wenn der Mensch trotz allen Werbens, aller Beweise und trotz des unvorstellbaren Opfers, das der Vater in seinem Sohn gebracht hat, die Liebe Gottes ablehnt und verschmäht? Wenn der Mensch sagt: Gott, lass mich endlich in Ruhe! Ich will dich nicht in meinem Leben haben, ich brauche dich nicht, ich bin ohne dich glücklich.

Dann zieht Gott sich zurück. Dann sind die Möglichkeiten der Liebe Gottes erschöpft. Dann bleibt dem Schöpfer im Dilemma der verschmähten Liebe nur eine Option: Den geliebten Menschen loslassen und seine Bemühungen, ihn zu gewinnen, aufgeben. Dann lässt Gott den Menschen seinen eigenen Weg gehen. Er lässt den Menschen los. Ein Gott, der die Liebe in Person ist, muss den Menschen in eine gottferne Ewigkeit entlassen, wenn dieser die Ewigkeit nicht mit ihm verbringen will. Weil dieser Mensch Gott nicht lieben und keine ewige „Ehe" mit ihm eingehen will. Der Mensch, und nicht Gott, hat diese Wahl getroffen. Und es wäre unfair Gott dafür zu beschuldigen.

Aber was bedeutet es, wenn sich Gott, der Schöpfer des Menschen, komplett und für immer aus dem Leben einer Person zurückzieht? Niemand von uns hat so etwas jemals erlebt und niemand kann sich diese Welt oder diesen Zustand ohne Gott vorstellen. Nur Gott selbst weiß, wie diese Welt beschaffen ist. Diese Welt ist die Hölle. Die Hölle ist eine Welt (oder besser Anti-Welt), aus der sich Gott komplett und für ewig zurückgezogen hat und für den Menschen unerreichbar geworden ist.

Gott ist das Leben, das Licht und die Liebe. Wenn Gott fehlt, fehlen in dieser surrealen Welt (oder Unterwelt) diese drei Realitäten: das Licht, die Liebe und das Leben. In der Hölle gibt es kein Licht. Weil es ohne Gott kein Licht geben kann, weder physisches, noch moralisches, noch intellektuelles, noch geistliches oder seelisches. Die Hölle ist ein Ort äußerster Finsternis ohne einen Funken Licht, weil Gott fehlt.

Weil Gott die Liebe ist, fehlt in der Hölle jede Spur von Liebe. In der Hölle kann es deshalb auch keine Gemeinschaft, kein Mitgefühl, keine Freude, keine Hoffnung, keinen Trost, kein Mitleid, ja, nicht einmal irgendeine Art von Gespräch oder Kommunikation geben. Jeder ist an diesem Ort der Finsternis allein mit sich selbst, in seiner eigenen ewigen Hölle, weil Gemeinschaft nur mit und nur durch Gott möglich ist.

Weil Gott die Quelle des Lebens ist, ist die Hölle ein Ort des Todes. Die Existenz der Menschen in der Hölle kann nicht Leben genannt werden – sie ist der Tod. Ein bewusster, wahrnehmbarer, erfahrbarer, existentieller Tod. Die Hölle ist nicht die Auslöschung der Existenz – sie ist der Zustand des Menschen in der Abwesenheit Gottes, der das Leben ist. Es fehlen alle Realitäten, alle Parameter, die das Leben ausmachen: Freude, Sonne, Licht, Luft, Gemeinschaft mit anderen Menschen, das Gespräch, die Hoffnung – und das bei vollem Bewusstsein und der vollen Wahrnehmung mit allen Sinnen.

Der Mensch in seiner überheblichen Naivität glaubt, dass er selbst in der Hölle glücklich werden kann und auch dort noch gewisse sündige Freuden ohne Gott erleben kann. Doch das ist ein furchtbarer, fataler Irrtum. Kein Geschöpf hat bisher erfahren, was es bedeutet von seinem Schöpfer für ewig und unwiderruflich abgeschnitten zu sein. Diese Welt nennt die Bibel Hölle und diesen Zustand nennt sie den zweiten, den ewigen Tod.

Diese Hölle wird auch Kraft der Gerechtigkeit Gottes erforderlich. Weil Gott ein gerechter Gott ist, muss er jede Sünde, jedes Verbrechen, sei es auch noch so klein, ahnden und gerecht bestrafen. Weil Gott aber auch ein Gott der Liebe ist, hat er in seiner Gnade für den Menschen einen gerechten Ausweg geschaffen, so dass der Mensch dem Gericht und der Strafe entgehen kann. Dieser Fluchtweg ist der stellvertretende Tod des Sohnes Gottes am Kreuz. Dort trug Jesus Christus die Schuld und bezahlte die Strafe für jeden Sünder. Jeder Sünder, der sich vor Gott schuldig bekennt und um Vergebung bittet, wird von Gott begnadigt und freigesprochen.

Doch was ist mit Menschen, die dieses Angebot der Vergebung ablehnen? Was ist, wenn der Mensch die Grundlage der Gnade und Barmherzigkeit Gottes bewusst ausschlägt? Diesem Menschen bleibt nur noch eine Option offen – er muss Gott auf der Grundlage des Gesetzes Gottes begegnen. Er lässt Gott keine Wahl. Ein gerechter Gott muss ihn richten und für seine objektive Schuld verurteilen. Auch aus der Perspektive der Gerechtigkeit Gottes betrachtet, ist es der Mensch selbst, der für sich die Hölle als ewigen Bestimmungsort wählt.

Weil die Verurteilung dem objektiven Urteil eines gerechten Gottes entspringen wird, wird die Strafe absolut angemessen und zu 100 Prozent gerecht ausfallen. Es wird keinen pauschalen Urteilsspruch geben, der für jeden gleichermaßen gilt. Jede Strafe wird exakt der Schwere der persönlichen Schuld entsprechen. Denn es heißt in dem letzten Buch der Bibel: *„und sie wurden gerichtet, ein jeder nach seinen Werken"* (Offenbarung 20,13). Und deshalb wird die Hölle ein Ort sein, der zu 100 Prozent die Gerechtigkeit Gottes widerspiegeln wird. In diesem einen Punkt gleichen sich Himmel und Hölle – beide reflektieren in alle Ewigkeit Gottes Gerechtigkeit.

Die persönliche Schuld des Menschen vor Gott wird von uns oft zu oberflächlich gesehen und zu leicht eingeschätzt. Manche Menschen denken: *„Ich habe keinen umgebracht, keinen ausgeraubt und nicht übermäßig ausschweifend gelebt. Wenn ich tatsächlich vor Gottes Gericht erscheinen sollte, werde ich mich rechtfertigen, denn ich bin schließlich nicht Hitler oder Stalin. Und wenn ich eine Strafe erhalten sollte und in die Hölle komme, dann wird diese Strafe eher leicht und erträglich sein."*

Dieses Denken ist naiv und fatal. Wer so denkt, begreift nicht, dass die größte Sünde, die ein Mensch begehen kann, die Sünde des Unglaubens ist. Wer Gott ablehnt, begeht Hochverrat. Wer Gottes Herrschaftsanspruch über sein Leben ablehnt, der verachtet den König des Universums. Wer das höchste Gebot übertreten hat, der hat das größte aller möglichen Verbrechen begangen: *„Du sollst den Herrn, deinen Gott, lieben von ganzem Herzen, von ganzer Seele und von ganzem Gemüt"* (Matthäus 22,37). Jesus hat von dieser größten aller Sünden geredet, als er über die Arbeit des Heiligen Geistes sprach. Er sagte, der Heilige Geist wird, wenn er kommt, *„der Welt die Augen auftun über die Sünde und über die Gerechtigkeit und über das Gericht. Über die Sünde: dass sie nicht an mich glauben"* (Johannes 16,8-9).

Wenn der Unglaube aus Gottes Sicht die größte aller Sünden ist, dann wird das Strafmaß eines Mörders oder Räubers sich vermutlich von dem eines „netten Nachbarn", der keinen umgebracht hat, aber Gott abgelehnt hat, nicht wirklich wesentlich unterscheiden. Denn beide haben die größtmögliche Sünde begangen – die Sünde des Unglaubens. Beide landen in dem ewigen Feuersee – dem zweiten Tod. Auch wenn dieser Ort für uns heute unfassbar und unvorstellbar scheint, müssen wir hier der offenbarten Wahrheit des Wortes Gottes im Glauben folgen. Was diesen Zustand ausmacht, schildert uns Jesus am deutlichsten und eindrucksvollsten. Es war ihm offensichtlich ein Anliegen, den Menschen den Schrecken der Hölle vor Augen zu malen. Denn er will nicht das Verderben des Menschen. Er ist ja in diese Welt gekommen und am Kreuz einen qualvollen Tod gestorben damit der Mensch nicht in der Hölle landet. Jesus ist der Retter der Welt. Er ist gekommen um Sünder zu retten und selig zu machen. Gäbe es keine Hölle, wäre Jesus nicht für uns am Kreuz einen schrecklichen und qualvollen Tod gestorben.

Jesus beschreibt die ewige Hölle als einen Ort der äußersten Finsternis (Matthäus 8,12). Außerdem sagt er, dass die Hölle ein Ort ist, *„wo ihr Wurm nicht stirbt und das Feuer nicht verlöscht"* (Markus 9,48). Dieses Feuer ist ein Feuer ohne Licht. Es scheint sowohl physischer als auch seelisch-geistlicher Natur zu sein. Der reiche Mann wollte in der Hölle Wasser für die Kühlung seiner Zunge haben (Lukas 16,19-31).

Die Bibel lehrt, dass der Mensch sowohl im Himmel als auch in der Hölle im Leibe existieren wird. Deshalb gibt es die Auferstehung der Leiber sowohl der Gläubigen, als auch der Ungläubigen (Johannes 5,28-29). Der Mensch wird also die Hölle als „kompletter" Mensch, mit Geist, Seele und Leib und daher auch mit allen seinen Sinnen erleben. Doch vermutlich werden der „Wurm" der Selbstanklage, das seelische „Feuer" der Ausweglosigkeit und das Bewusstsein der Unumkehrbarkeit des selbstgewählten Weges, bei weitem den größten Schmerz ausmachen.

Niemand wird in der Hölle auf die Idee kommen, Gott für seine selbstverschuldete Lage anzuklagen. Jedem wird absolut klar sein, dass diese Qual selbstverdient und selbstgewählt ist. Dass Gott ein absolut gerechtes Urteil gesprochen hat. Und jeder wird die gesamte Ewigkeit hindurch bereuen, dass er oder sie das Angebot der Gnade Gottes in Jesus Christus abgelehnt hat. Diesen Zustand nennt die Bibel den zweiten Tod.

Dieser Ort ist ursprünglich nicht für Menschen vorgesehen gewesen (Matthäus 25,41). Doch wenn der Mensch sich Satan und den Dämonen in deren Rebellion gegen Gott angeschlossen hat, wird er auch deren ewigen Ort der Qual mit ihnen teilen müssen. Denn einen dritten Ort der Ewigkeit gibt es nicht.

16

Der Weg zum Himmel

Es gibt einige falsche Vorstellungen darüber, wie man in den Himmel kommt, die sich in den Köpfen vieler Menschen festgesetzt haben. Hier seien die vier am weitesten verbreiteten erwähnt:

1. **Wir kommen alle, alle in den Himmel.**
   Alle Wege führen zu Gott und in den Himmel. Ganz gleich welcher Religion man angehört. Ganz gleich, ob man gläubig war, oder nicht. Am Ende kommen alle Menschen in den Himmel. Ein Gott, der die Liebe ist, kann keinen Menschen in die Hölle schicken. Und wenn schon, dann nur in eine „erträgliche" Hölle und nur für eine begrenzte Zeit. Am Ende kommen alle im Himmel an. Der letzte, der dort ankommt, ist der geläuterte Teufel.

2. **Alle „guten" Menschen kommen in den Himmel.**
   Wenn man niemanden umgebracht oder vergewaltigt hat und keine Bank ausgebraubt hat, dann kommt man auf jeden Fall in den Himmel. Es gibt eindeutige Kandidaten für die Hölle, wie Hitler und Stalin, Mörder und Kinderschänder. Aber die Mehrheit der Menschen ist im Kern gut und kommt in den Himmel.

3. **Man muss viel leisten um in den Himmel zu kommen.**
   Nur diejenigen Menschen, die bestimmte religiöse Leistungen erbracht haben, haben eine Chance in den

Himmel zu kommen. Menschen, die alle Gebote und Rituale der Kirche erfüllt haben, viel gespendet und viele gute Werke vorzuweisen haben, werden bevorzugt Einlass in den Himmel erhalten. Auch diese landläufig weit verbreitete Meinung wird dadurch nicht richtiger, dass sie von vielen vertreten wird.

4. **Man kann nicht wissen, ob man in den Himmel kommt.**
Niemand weiß im Vorhinein, ob er die Ewigkeit im Himmel verbringen wird, oder nicht. Es gibt keine objektiven Kriterien, die einem Menschen hier auf Erden die hundertprozentige Gewissheit geben können, dass er im Himmel ankommen wird. Wo wir landen, das werden wir erst im Jenseits erfahren.

Alle vier Vorstellungen sind falsch. Nicht weil der Autor dieses Buches es besser weiß. Sie sind falsch, weil Gott den Menschen selbst eine klare und eindeutige Antwort auf die Frage gibt: wie komme ich in den Himmel? Und die Antwort Gottes widerlegt alle vier genannten Vorstellungen. Auch wenn uns unsere Antwort gut und richtig vorkommen sollte. Es nützt nichts, wenn wir unser Wunschdenken zur Wirklichkeit erklären. Gott bestimmt die Bedingungen und legt die Normen fest. Er ist der Maßstab der Realität.

Doch was ist Gottes Antwort auf diese wichtigste aller Fragen für den Menschen: wie komme ich in den Himmel?

Gottes Antwort

Der Weg in den Himmel steht jedem offen. Gott will nicht dass jemand in die Hölle kommt, denn die Hölle ist ein Ort, bereitet für den Satan und die Dämonen, nicht für den Menschen. Der Eintritt in den Himmel ist frei. Man muss dafür nicht bezahlen und nichts leisten. Die Antwort Gottes ist das Evangelium – die einzige Gute Nachricht der Welt. Der Apostel Paulus wurde so sehr von der Kraft und Schönheit des Evangeliums ergriffen, dass er nicht mehr aufhören konnte davon zu schwärmen und sein ganzes Leben für die Verbreitung dieser Guten Nachricht einsetzte. Das macht er auch in seinem Brief an die Christen in Rom. Dort schreibt er unter anderem:

> „Denn ich schäme mich des Evangeliums nicht; denn es ist Gottes Kraft, zur Errettung für jeden, der glaubt, zuerst für den Juden, dann auch für den Griechen.
> **Denn darin wird offenbart die Gerechtigkeit Gottes, welche kommt aus Glauben in Glauben; wie geschrieben steht: „Der Gerechte wird aus Glauben leben"**
> Römer 1,1-17

Das Evangelium ist eine Offenbarung, eine Enthüllung. Es ist keine Entdeckung von Menschen. Das Evangelium ist weder durch die Forschung der Naturwissenschaft zu entdecken, noch durch Archäologie, Anthropologie, Soziologie oder Psychologie. Auch nicht durch Philosophie – denn es widerspricht der Weisheit und der begrenzten Logik des Menschen. Es ist auch nicht in der Religionswissenschaft zu finden: keine Religion der Welt ist bisher oder könnte jemals auf die Evangeliums-Idee kommen, denn jede Religion ist leistungsorientiert. Das Evangelium kommt aber gänzlich ohne menschliche Leistung aus und deshalb auch gänzlich ohne Religion im herkömmlichen Sinne des Wortes. Deshalb ist es ein unvergleichliches Wunder. Es ist das, was Paulus den Korinthern versucht so zu beschreiben:

> „Was kein Auge gesehen hat und kein Ohr gehört hat und in keines Menschen Herz gekommen ist, was Gott

bereitet hat denen, die ihn lieben. Uns aber hat Gott es offenbart durch seinen Geist; denn der Geist erforscht alle Dinge, auch die Tiefen der Gottheit."
1 Korinther 2,9-10

Doch heute ist das Evangelium ein offenbartes Geheimnis Gottes. Deshalb redet Paulus auch oft davon, dass er das Vorrecht hat das Geheimnis Gottes zu verkündigen, das wie er sagt *„in früheren Zeiten den Menschen nicht bekannt gemacht war"* (Epheser 3,5).

Das Evangelium ist eine Enthüllung Gottes – eine Offenbarung, die unmittelbar von Gott kommt. Das Geheimnis, das im Evangelium nun endlich gelüftet wird, ist die Antwort Gottes auf die brennende Frage des Menschen: wie kann ich gerettet werden? Die Antwort ist eine überraschende und eine völlig unerwartete: *„Darin (im Evangelium) wird offenbart die Gerechtigkeit Gottes."*

Gott ist gerecht

Wer hätte es gedacht, dass die Antwort auf diese Frage mit der Gerechtigkeit Gottes zu tun hat? Hätten wir nicht lieber die Frage der Gerechtigkeit vorerst einmal ausgeblendet? Hätten wir nicht eher vermutet und gehofft, dass die Antwort auf der Liebe Gottes basiert, oder auf seiner Barmherzigkeit, oder auf seiner Geduld und Langmut. Hätten wir nicht lieber gehört, wenn Paulus gesagt hätte: denn darin wird offenbart die Liebe Gottes – Gott liebt die Sünder so sehr, dass er gesagt hat: wir kommen alle, alle in den Himmel, so wie wir sind. Das wäre eine verfälschte Version des Evangeliums, die heute allerdings sehr verbreitet und populär ist.

Oder wenn Paulus gesagt hätte: Gott ist so barmherzig, er kann uns nicht bestrafen, er hat sich entschlossen uns so in den Himmel aufzunehmen, wie wir sind. Oder wenn Paulus gesagt hätte: Gott ist so geduldig, er wird uns die ganze Ewigkeit hindurch so ertragen, wie wir eben sind, ohne uns zu richten. Oder wenn Paulus gesagt hätte: Gott ist so groß und allmächtig, er hat gesagt, ich beweise euch meine Kraft und bringe euch alle, so sündig wie ihr seid in den Himmel.

Doch wäre ein Gott, der nur liebt, und das Unrecht nicht bestraft; oder ein Gott der so barmherzig ist, dass er vor allen Verbrechen ein Auge zudrückt und jeden Sünder streichelt in unendlicher Geduld; oder ein Gott, der durch seine Macht verfügt, dass jede Sünde ignoriert wird und jede Strafe unterlassen wird, wäre solch ein Gott ein gerechter Gott? Und wäre ein ungerechter Gott ein guter Gott? Wollten wir und wollte die Welt so einen Gott überhaupt haben? Doch Gott sei Dank, dass das Evangelium nicht in erster Linie auf der Liebe Gottes basiert, noch auf seiner Barmherzigkeit oder Geduld, noch auf seiner Allmacht – sondern auf seiner Gerechtigkeit!

Das Fundament des Evangeliums ist die Gerechtigkeit Gottes. Und auf diesem Fundament steht das Evangelium für immer unerschütterlich und unanfechtbar. Ja, die Liebe Gottes ist der Ursprung und die Quelle des Evangeliums aber die Gerechtigkeit Gottes ist sein unzerstörbares Fundament. Paulus sagt: *„Ich schäme mich des Evangeliums nicht …. denn darin wird offenbart die Gerechtigkeit Gottes, welche kommt aus Glauben in Glauben."* Das bedeutet zunächst einmal, dass Gott gerecht ist. Das muss unmissverständlich klar sein – wir haben es mit einem gerechten Gott zu tun, der immer und in jeder Sache, sei sie groß oder verschwindend klein, gerecht war, ist und bleiben wird.

Eine bekannte Wahrheit

Das Gott gerecht ist, ist eine bekannte Wahrheit. Bereits auf den ersten Seiten der Bibel offenbart sich Gott den Menschen als der gerechte Gott. Er belohnt die Guten und bestraft die Bösen. Er segnet die Frommen und richtet die Gottlosen. Er rettet den gerechten Noah und zerstört die gesamte vorsintflutliche Welt wegen ihrer Unmoral. Er rettet den gläubigen Lot und zerstört das in Unmoral versinkende Sodom mit Feuer. Gott ist gerecht.

Eine beunruhigende Wahrheit

Doch zunächst einmal ist diese Wahrheit für uns beängstigend. Wenn Gott so unendlich gerecht ist, dann bin ich schmutzig und ungerecht. Dann habe ich keine Chance vor ihm zu bestehen, mit meiner schmutzigen Weste! Dann habe ich keine Hoffnung, dass er bei mir ein Auge zudrücken und mich durchwinken wird, am Ende meines Lebens. Dann wird das Argument nicht ziehen, dass ich mir im Stillen zurechtgelegt hatte – „ich bin doch nicht so schlimm wie Stalin und Hitler und wie mein Nachbar – ich bin etwas besser." Nein, ein gerechter Gott kann dieses Argument nicht gelten lassen. Er sagt: Eine Frau auch nur lüstern anzusehen, bedeutet, dass ein Mann mit ihr in seinem Herzen bereits Ehebruch begangen hat. Er sagt: Wer zu seinem Bruder sagt, du Dummkopf, ist des höllischen Feuers schuldig, weil er lieblos geredet hat. Gott ist gerecht! Und obwohl wir wissen, dass wir mit einem anderen Gott nicht glücklich werden könnten, fürchten wir doch zugegebenermaßen die Gerechtigkeit Gottes

Eine neu veranschaulichte Wahrheit

Im Neuen Testament wird uns ein weiterer erstaunlicher, ja geradezu schockierender Beweis für die Gerechtigkeit Gottes geliefert. Diesen Beweis finden wir im Kreuzestod von Jesus Christus. Gott ist so gerecht, dass er seinen einzigen Sohn nicht verschonte, sondern ihn am Kreuz von Golgatha hinrichten ließ. Und zwar nicht für seine eigene Sünde – er hatte keine. Sondern für die Sünden der ganzen Welt. Als Gottes Sohn sich bereit erklärte die Sünden der Menschheit auf sich zu nehmen, traf ihn der Zorn und das Gericht Gottes mit ganzer Wucht. Gott ist auf erschreckende Weise gerecht, seine Gerechtigkeit macht auch vor seinem eigenen Sohn keinen Halt. Sie kennt keine Ausnahmen. Sie ist unwandelbar, kompromisslos, unbestechlich, präzise und ewig.

Würde die Botschaft der Bibel hier enden, gäbe es für uns alle keine Hoffnung. Wäre das der gesamte Inhalt der biblischen Offenbarung, wäre das Christentum eine Religion wie jede andere – ohne Hoffnung, ohne Freude, ohne Sinn. Wäre dies das Ende der Predigt von Paulus, dann gäbe es kein Evangelium – keine Gute, Frohe Nachricht für diese Welt. Doch Dank sei Gott, dort wo die Religionen der Welt aufhören, dort beginnt das Evangelium erst.

Der bekannte Amerikanische Prediger Ironside erzählt von seinen Gesprächen mit den Menschen nach seinen Predigten auf den Straßen einer Stadt in Kalifornien. Viele Menschen kamen mit dem Argument: Es gibt hunderte von Religionen in diesem Land. Wie können wir, schlichte Bürger, jemals herausfinden wo die Wahrheit ist? Die Antwort des Predigers lautete: *„Hunderte von Religionen sagen Sie? Ich kenne nur zwei! Es gibt zwar verschiedene Schattierungen in den Auffassungen dieser beiden großen Schulen. Doch trotz* *der unterschiedlichen Schattierungen gibt es nur zwei Religionsschulen. Die eine besteht aus Menschen, die hoffen durch Werke und Taten gerettet zu werden. Die andere aus Menschen die gerettet sind, weil ein Werk vollbracht worden ist. Sehen Sie, deswegen ist die Frage sehr einfach geklärt. Können Sie sich selbst retten, oder müssen Sie von einem anderen gerettet werden? Wenn Sie Ihr eigener Retter sein können, dann brauchen Sie meine Botschaft nicht. Wenn Sie es nicht können, dann hören Sie zu, es könnte für Sie sein."*

Paulus sagt, dass im Evangelium die Gerechtigkeit Gottes offenbart wird, und zwar in ihren zwei Aspekten: erstens, Gott ist Gerecht, und zweitens:

Gott verschenkt seine Gerechtigkeit

Gott ist nicht nur selbst gerecht, er macht auch gerecht. Und zwar Menschen, die nach seiner Gerechtigkeit verlangen. Viele Menschen geben viel Geld her um etwas gerechter zu sein als die anderen. Sie spenden zum Beispiel viel, um besser zu erscheinen in Gottes Augen. Andere leisten viel, sie beten fünfmal täglich, sie fasten häufig, andere gehen regelmäßig zur Kirche oder in die Moschee oder in den Hindutempel, manche sind Messdiener oder Chormitglieder um etwas gerechter zu werden. Millionen Menschen schützen und füttern Kühe, Affen, Ratten und andere Tiere um gerechter zu sein. Andere meditieren im Klöstern und üben Joga ihr ganzes Leben lang um reiner zu werden und gerechter vor Gott zu sein als der Rest der Menschen.

Doch das Evangelium lüftet das Geheimnis und sagt: Das alles sind falsche Wege. So kann man nicht an Gottes Gerechtigkeit gelangen. Niemals. Denn Gott **verschenkt** seine Gerechtigkeit. Die Gerechtigkeit Gottes kann man nur als Geschenk erhalten. Entweder der Mensch nimmt die

Gerechtigkeit Gottes als Geschenk an, oder er wird sie niemals besitzen. Paulus sagt, Menschen *„werden ohne Verdienst gerecht aus Gottes Gnade durch die Erlösung, die durch Christus Jesus geschehen ist"* (Römer 3,24).

Gott macht *Sünder* gerecht

Gott macht Menschen gerecht, doch das ist noch nicht die ganze Herrlichkeit des Evangeliums. Gott macht nur eine Art von Menschen gerecht: Sünder! Jesus ist in diese Welt gekommen aus einem einzigen Grund – um Sünder zu retten. Er starb am Kreuz von Golgatha nur für eine Gruppe von Menschen – nicht für die religiösen, nicht für die gebildeten, nicht für die moralisch höher stehenden, nicht für die noblen und nicht für die gerechten (sprich die selbstgerechten) – er starb einzig und allein für Sünder. Er wurde dafür oft angegriffen und kritisiert von den „Superfrommen" und von den „Superheiligen" seiner Zeit.

Bei einer Gelegenheit war er von einem Zöllner, Matthäus, eingeladen zu einer Party – und Jesus ging hin. Zöllner galten als der letzte Abschaum der Gesellschaft in Israel zu der Zeit. Sie hatten ihre Ehre an die Besatzungsmacht Rom verkauft, sie nahmen für die Besatzungsmacht Zoll und Steuern von ihrem eigenen Volk ein – oft doppelt und dreifach, und sie machten sich davon ein schönes Leben. Sie lebten von Betrug und Bestechung. Doch Jesus ging trotzdem zu dieser Party und Matthäus lud seine Freude ein - viele Zöllner und andere Sünder, und Jesus war mitten unter ihnen. Die „superfrommen" Pharisäer sahen das und es verschlug ihnen die Sprache: *„Warum isst euer Meister mit den Sündern und Zöllnern?!"* Als ihre Empörung Jesus von seinen Jüngern mitgeteilt wurde, sagte er: Geht hin und sagt ihnen *„Die Gesunden brauchen keinen Arzt, sondern die Kranken. Geht hin und lernt von Gott was das bedeutet:*

Ich habe Wohlgefallen an Barmherzigkeit und nicht am Opfer. Ich bin gekommen die Sünder zu rufen und nicht die Gerechten" (Matthäus 9,12-13).

Jeder, der sich für gerecht hält, hat bei Jesus keine Chance. Wenn sich jemand für nicht so sündig und nicht so schlimm ansieht wie die anderen, dann ist Jesus Christus für diesen Menschen der falsche Retter und Heiland. Wenn sich jemand für anständig und moralisch gut hält und meint, dass er durch etwas mehr Anstrengung den Test für den Himmel schon bestehen wird, dann ist das Evangelium nichts für ihn. Dann sollte dieser Mensch sich lieber eine der herkömmlichen Religionen aussuchen, dort ist man mit seiner Selbstgerechtigkeit besser aufgehoben.

Doch wenn ein Mensch unter der Last seiner Sünde leidet. Wenn er sich mit gesenktem Kopf an die Brust schlägt und sagt: Gott, sei mir Sünder gnädig, – dann hat diese Person die besten Chancen bei Gott. Dann ist das Evangelium die Frohe Botschaft für ihn – denn Jesus ist in die Welt gekommen um Sünder zu retten. Wenn der Mensch weiß, dass er schuldig und sündig ist und wenn er seine Sünden bereut und sich seiner Verdorbenheit schämt und gerne ein besserer Mensch werden möchte, aber es nicht schafft und sich schon aufgegeben hat – dann ist er bei Jesus gut aufgehoben – denn Jesus ist ein Freund der Sünder.

Das Evangelium ist die froheste Botschaft der Welt. Das Evangelium beginnt dort, wo die Religion aufhört und aufgibt. Das Evangelium sagt nämlich nicht nur, dass Gott gerecht ist – das sagen die meisten Religionen. Das Evangelium ist deswegen die Gute Nachricht für die Welt, weil es das größte Geheimnis der Welt lüftet: der gerechte Gott verschenkt seine Gerechtigkeit, und zwar nur an eine ganz bestimmte Gruppe von Menschen: er macht Sünder gerecht!

Gott verschenkt *seine* Gerechtigkeit – die einzige Gerechtigkeit die vor ihm gilt!

Luther übersetzte unseren Vers so: *„Denn darin (im Evangelium) wird offenbart die **Gerechtigkeit die vor Gott gilt**, welche kommt aus Glauben in Glauben."* Das fasst zusammen was Paulus in den nächsten 8 Kapiteln des Römerbriefes deutlich macht. Es geht um Gottes Gerechtigkeit. Viele Menschen geben sich mit viel weniger zufrieden. Sie sagen sich, so heilig und gerecht wie Gott, das ist ja absurd, das kann und will ich nicht werden. Mir ist schon die Gerechtigkeit von Pastor so wie so, oder von Missionar so und so zu viel. Nein ich bin bescheiden, ich will so wenig wie möglich und gerade so viel wie absolut notwendig, damit ich, wenn ich sterbe, nicht in die Hölle komme.

Aber es kommt nicht darauf an, was ich mir unter Gerechtsein vorstelle. Oder meine Eltern. Oder die Nachbarn. Oder die Gesellschaft. Oder mein Gewissen. Oder meine Religion. Es kommt darauf an was Gott denkt. Was hält Gott für gerecht? Wie definiert Gott Gerechtigkeit? Welche Gerechtigkeit gilt vor Gott? Das ist es doch, was zählt. Wenn ich einmal vor ihm stehe, von Angesicht zu Angesicht, dann wird er mich doch nicht fragen: „Was hast du für eine Definition von Gerechtigkeit? Dann werde ich meine Rechtsprechung an deine Definition von Gerechtigkeit anpassen und dann sehen wir mal, was dabei rumkommt." Nein! Er wird sagen: „Du hast meine Definition von Gerechtigkeit gekannt. Du wusstest, dass ich gesagt habe *„Wenn eure Gerechtigkeit nicht größer ist als die der Pharisäer (der Superfrommen und Superreligiösen), dann werdet ihr nicht ins Himmelreich kommen"*. Du wusstest, dass ich absolute Gerechtigkeit verlange, die mit meiner identisch ist. Ich habe gesagt: „*Ihr sollt heilig sein, denn ich bin heilig, spricht der Herr.*““

Nein, Gott wird meine und Ihre Version von Gerechtigkeit nicht akzeptieren. Aber er will jedem reumütigen Sünder heute noch *seine* Gerechtigkeit schenken, damit dieser an jenem Tag nicht von ihm gerichtet und verurteilt werden muss. Gott bietet heute seine Gerechtigkeit als freies Geschenk an. Wir sollten uns nicht mit weniger zufriedengeben. Wir brauchen in der Gegenwart Gottes eine Gerechtigkeit die vor ihm gilt.

Gottes Gerechtigkeit kommt zu uns auf dem Wege des Glaubens!

Denn darin wird offenbart die Gerechtigkeit Gottes, welche kommt aus Glauben in Glauben; wie geschrieben steht: „Der Gerechte wird aus Glauben leben"
Römer 1,1-17

In Vers 16 hat Paulus schon klargemacht, wen das Evangelium rettet. Er sagt: *„Denn das Evangelium ist Gottes Kraft die rettet alle, die daran glauben."* Ohne Glauben ist es unmöglich Gott zu gefallen.

Ein Verbrecher stand einst vor einem König in einem Land im Osten, bangend und zitternd um sein Leben. In ein paar Augenblicken würde sein Kopf von seinem Leib getrennt werden. Er bat noch um ein Glas Wasser. Man brachte ihm das Wasser, doch seine Hand zitterte so sehr, dass er es nicht trinken konnte. Der König rief ihm zu, „Hab keine Angst, dein Leben ist sicher bis du das Wasser getrunken hast." Sofort ließ der Verurteilte das Glas auf das Steinpflaster fallen, das Wasser wurde verschüttet und blieb unberührt von seinen

Lippen. Er sah zuversichtlich zu seinem König auf und bat den König doch nun sein Wort einzuhalten. Der Monarch lächelte und sagte: „Du hast dein Leben fair gewonnen. Ich kann mein Wort sogar dir gegenüber nicht brechen. Du bist gerettet."

Wenn ein Verbrecher sich auf das Wort eines Königs verlassen kann, wie viel mehr können wir uns auf das Wort des Königs aller Könige verlassen. Glauben heißt Gott vertrauen. Glauben heißt sich mit Gottes Diagnose einverstanden erklären. Glauben heißt seine Sünden bekennen und Jesus Christus als seinen Herrn und Retter annehmen. Glauben heißt „JA" zu Gottes einmaligem Angebot sagen, seine Hand ausstrecken und das Geschenk der Gerechtigkeit Gottes aus seiner Hand dankbar annehmen. Wenn es um die Annahme des Geschenks der Gerechtigkeit Gottes geht, dann geht es immer um die Aufnahme von Jesus Christus in unser Leben. Denn, so sagt uns Gottes Wort: durch Gott sind wir in *„Christus Jesus, der uns von Gott gemacht ist zur Weisheit und zur Gerechtigkeit und zur Heiligkeit und zur Erlösung"* (1Korinther 1,30).

Gott bietet uns in Jesus Christus einen einmaligen Tausch an. Jesus starb am Kreuz an meiner und deiner statt. Er identifizierte sich mit meiner und deiner Sünde und wurde von Gott dafür hingerichtet. Er trug meine und deine Strafe, ihn traf das Gericht Gottes, das mich und dich treffen sollte. Nun bietet Jesus mir und dir einen Tausch an und sagt: Ich trug am Kreuz dein schmutziges Kleid. Nun biete ich dir im Tausch das weiße Kleid meiner Gerechtigkeit an. Mein Kleid ist makellos und rein. Nur wenn du mit meiner Gerechtigkeit gekleidet vor Gott erscheinst, kannst du bestehen. Doch mein Einverständnis für diesen Tausch ist wichtig. Von Gottes Seite ist alles geschehen, damit er mich als gerecht erklären kann. Doch ich muss wollen, ich musst mich entscheiden, muss bewusst im Glauben JA sagen. Und dann sagt Gott: **Der**

Tausch ist gültig! Die Verfügung Gottes tritt dann in Kraft und ich werde „juristisch rechtskräftig" und unwiderruflich vom höchsten Gericht des Universums für gerecht erklärt.

Die größte Entdeckung, seit es Leben auf unserem Planeten gibt!

Gott sagt: „Es ist ein Tausch geschehen, am Kreuz von Golgatha hat mein Sohn das schmutzige Sündenkleid dieses Menschen getragen – und ich habe meinen Sohn für die Sünden dieses Menschen mit dem Tode bestraft. Mein Sohn hat sein schneeweißes Kleid der vollkommenen Gerechtigkeit mit diesem Menschen gegen sein schmutziges Sündenkleid eingetauscht – dieses weiße Kleid gehört ihm rechtmäßig. Er ist mein Kind und er ist so gerecht wie ich bin – seine Gerechtigkeit ist meiner Gerechtigkeit absolut gleich."

Dieses Urteil des göttlichen Gerichts ist unanfechtbar. Weder von Menschen, noch von Engeln, noch von Dämonen oder von Satan. Wenn diese Gerechtsprechung geschieht und der gerettete Sünder in dem neuen Kleid der Gerechtigkeit Gottes vor der unsichtbaren Welt präsentiert wird, dann geschehen ganz merkwürdige Dinge.

Satan und seine Dämonen ziehen sich beschämt zurück und suchen das Weite. Denn sie haben an diesem Menschen nichts mehr auszusetzen. Er ist aus dem Bereich Satans in den Bereich Christi versetzt worden. Der Satan hat ihn verloren, alle Waffen gegen diesen Menschen vorzugehen sind ihm genommen worden.

Er hat uns errettet von der Macht der Finsternis und hat uns versetzt in das Reich seines lieben Sohnes, in dem wir die Erlösung haben, nämlich die Vergebung der Sünden.
Kolosser 1,13-14

Die Cherubim mit dem blitzenden, flammenden, tödlichen Schwert treten zurück und die Tore des Himmels öffnen sich. Denn die Cherubim, die Erzengel Gottes, sollen nur Sündern den Zugang ins Paradies verwehren. Gerechten Menschen müssen sie die Tore des Himmels öffnen. Kinder Gottes haben freien Zugang zum Vater. Und weil der gerechte Gott im Himmel wohnt, dürfen auch seine gerechten Kinder zu ihrem Vater im Himmel kommen. Niemand darf ihnen wehren – weder Dämonen noch Engel. Und dann heißen die heiligen Engel Gottes diesen Menschen als Bürger des Himmels willkommen, als Gottes Kind mit uneingeschränktem Zugang zum Vater. Dann wird im Himmel ein Fest gefeiert, denn ein Mensch der verloren war ist gerettet. Eine Waise ist Gottes Kind geworden und hat nun einen Vater. Ein Sünder ist gerecht geworden. Jesus sagt:

> *Ich sage euch: So wird auch Freude im Himmel sein über "einen" Sünder, der Buße tut, mehr als über neunundneunzig Gerechte, die der Buße nicht bedürfen.*
> Lukas 15,7

Paulus sagt: „*Ich schäme mich des Evangeliums nicht .... denn darin wird offenbart die Gerechtigkeit Gottes, welche kommt aus Glauben in Glauben.*"

Glauben Sie dem Evangelium? Wollen Sie das Geschenk der Gerechtigkeit, die vor Gott gilt, annehmen? Die Bibel sagt: „*Gott erweist seine Gerechtigkeit indem er selbst gerecht ist und gerecht macht den, der an Jesus glaubt*" (Römer 3,26). Das ist das Evangelium, das ist die Gute Nachricht für Sie, wenn Sie glauben. Denn das sind Gottes Bedingungen die er festgesetzt hat: „*Dem aber, der nicht auf Werke setzt, sondern an den glaubt, der die Gottlosen gerecht macht, dem wird sein Glaube gerechnet zur Gerechtigkeit"* (Römer 4,5).

Es ist allerdings Ihre Entscheidung, ob Sie die Tür Ihres Lebens öffnen und das Geschenk Gottes annehmen – das ist Glaube, oder ob Sie es abweisen und ablehnen – das ist Unglaube. Die Klinke um die Tür des Herzens zu öffnen ist von innen angebracht. Nur Sie selbst können die Tür öffnen – Gott wird sie nie gewaltsam öffnen. Er wartet auf Ihre Entscheidung. Auf Ihren aktiven Schritt des Glaubens. Wenn Sie glauben, können Sie dieses Gebet zu Gott beten:

Lieber Vater im Himmel,
ich bekenne mich als Sünder(in) vor dir. Ich habe deine Gebote oft übertreten, deine Autorität missachtet und deine Majestät mit Füßen getreten. Ich habe so gelebt, wie es mir passte und habe nicht nach deinem Willen für mein Leben gefragt. Ich bekenne dir meine Schuld und Sünde und bitte aufrichtig um Vergebung. Ich bin der verlorene Sohn (die verlorene Tochter). Heute kehre ich um zu dir, ich kehre zurück, nach Hause, zu meinem Gott und Schöpfer, zu meinem Vater.

Danke, Vater, dass du deinen geliebten Sohn, Jesus Christus, in diese Welt gesandt hast. Danke, dass du ihn an meiner Stelle bestraft hast, um mich zu retten. Herr Jesus Christus, ich danke dir für deinen stellvertretenden Tod. Du hast meine Sünden auf dich geladen und bist an meiner Statt am Kreuz gestorben. Du bist das Lamm Gottes, das die Sünden der Welt trägt. Du hast auch meine Sünden getragen. Ich glaube an dich und dein stellvertretendes Sterben für mich am Kreuz. Ich glaube, dass du am dritten Tag aus dem Grab auferstanden bist und lebst. Du hast Hölle, Tod, Sünde und Satan besiegt.

Herr Jesus, ab heute sollst du mein Retter und mein Herr sein. Ich will dir folgen und dir dienen. Komm in mein Herz und in mein Leben. Mach mein Leben neu. Nimm mich bei der Hand und sei mein Lehrer und mein Hirte. Führe mich auf dem Weg der Wahrheit. Ich gehöre dir. Trage du meinen Namen in dein Buch des Lebens ein. Ich will mich zu dir bekennen und dein Zeuge in dieser Welt sein. Gib mir dazu Mut, Kraft und Weisheit.
Amen.

Wenn Sie dieses Gebet aufrichtig und ehrlich gebetet haben, hat Gott Ihnen vergeben und Sie in seine Familie aufgenommen. Dann hat Jesus Christus Ihren Namen in das Buch des Lebens und in das Bürgerbuch des Himmels eingeschrieben und Sie sind jetzt ein Kind Gottes.

Der Herr segne Sie und behüte Sie. Er lasse sein Angesicht leuchten über Sie und sei Ihnen gnädig. Der Herr erhebe sein Angesicht über Sie und gebe Ihnen seinen Frieden.

www.ingramcontent.com/pod-product-compliance
Lightning Source LLC
Chambersburg PA
CBHW061648040426
42446CB00010B/1645